KB083207

어차피 살 거라면,

백 살까지 유쾌하게
나이 드는 법

어차피 살 거라면,

백 살까지 유쾌하게
나이 드는 법

이근후(이화여대 명예교수) 지음

메이븐
MAVEN

이근후는 중년의 시기를 탐색하는 데 도움을 주는 완벽한 가이드다. 90
년이라는 한국의 역사를 온전히 살아온 그는 가식이나 자화자찬 없이 과
거의 삶을 있는 그대로 인정한다. 이것은 분명 쉽지 않은 일이다.

－〈가디언〉

나이 들어 가는 게 두렵다면, 사회가 정해 놓은 목표를 따라가느라 지쳤
다면, 삶의 목표를 잃어 우울하다면, '돈 걱정 증후군'을 앓고 있다면, 아
흔 살 노장의 이야기를 들어 보자.　　　　　　　　－〈중앙일보〉

지난 삶을 후회하느라 시간을 낭비하지 말자, 어쨌든 하루하루 재미있
게 살자, 몸의 아픔은 품격 있게 표현하자…. 책을 읽다 다짐 삼아 옮겨
적어 봅니다. 살다가 힘든 일이 생기면 마법의 주문처럼 소리 높여 읽으
려고요.　　　　　　　　　　　　　　　　　－김민식(작가, PD)

책갈피 어디를 펼쳐도 '구체적 지혜'와 '노화의 생기'가 넘쳐흐른다. 그
는 책에 이렇게 썼다. '어떻게든 살아가고자 애쓰면 마법처럼 막다른 곳
에서 새로운 세상이 열린다. 이게 아흔 해를 살아 본 내가 당신에게 말할
수 있는 단 하나의 진리.' 나는 그 말에 크게 위로받았다.

－김지수(기자, 〈조선일보〉 '김지수의 인터스텔라' 인터뷰 중에서)

책을 읽고 바로 부모님을 위해 두 권을 주문했다. 내용이 너무나 보석 같다. 젊은 세대에겐 어르신들의 마음속 응어리를 이해할 수 있는 가르침으로 가득하며 부모님 세대에겐 슬픈 현실을 어루만질 수 있는 따뜻한 책이다. 삶이 힘든 사람들에게도 강력히 추천한다.　　　　-오상진(아나운서)

우리 사회의 어른이 쓴 책. 아흔의 정신건강의학과 의사는 말한다. 삶은 우연으로 가득 찬 슬픔이라고, 내 생각대로 되는 건 적고 그렇기에 유쾌하게 살아야 한다고. 삶의 고비마다 참고가 될 만한 생각들이다.

　　　　　　　　　　　　　　　　　　　　　-전종환(아나운서)

겪지 못한 인생에 대한 최고의 간접 경험입니다.　　　　-독자 hy*** 님

작가의 책에 매료되어 새로운 삶을 살게 되었습니다.　　　-독자 ke*** 님

나는 어른이 되어 갈 것인가, 아니면 그냥 늙은 사람이 되어 갈 것인가. 잘 늙는다는 것은 결국 지금을 잘 살아야 하는 것임을 책을 읽으며 되새겼다.　　　　　　　　　　　　　　　　　　-독자 ju*** 님

내 책꽂이에서 가장 손이 잘 가는 곳에 지금도 꽂혀 있는 책.

　　　　　　　　　　　　　　　　　　　　　　-독자 s***1 님

이 책이 출간된 지 5년이 지났습니다. 그간 크고 작은 변화가 있었습니다. 우선 시력이 예전 같지 않습니다. 20년 전 왼눈의 시력을 잃고서 오른눈으로 버텨 왔는데, 오른눈마저 급격히 나빠져 이제는 실루엣만 보입니다. 청력도 마찬가지입니다. 보청기가 없으면 웅웅 소리만 들립니다. 보이지도 들리지도 않으니, 답답하고 우울합니다. 그래도 마음을 다잡습니다. 요양보호사 선생의 도움을 받아 원고를 쓰고 산책을 나갑니다. 지금 여기에서 할 수 있는 일에 충실하자고 다짐합니다.

좋은 일도 있습니다. 책을 내고 나서 강연과 인터뷰 요청이 끊이지 않았거든요. 아마도 90년 가까이 살았으니, 그럴듯한 지혜 몇 가지쯤은 들려 줄 거라 기대하기 때문일 것입니다. 그래서인지, 가장 많이 하는 질문도 이것입니다. "선생님은 무엇을 후회하십니까? 다시 돌아간다면 어떻게 살고 싶으세요?"

하지만 나는 매번 사람들을 실망시킵니다. "후회 안 합니다. 해 봐야 뭐 합니까. 되돌릴 수도 없는데요." 후회가 없는 건 아닙니다. 그러나 후회를 안고 살면 괴롭습니다. 그리고 다른 선택을 했더라도 다른 후회가 뒤따랐을 겁니다. 그래서 저는 지난 일을 돌이키지 않습니다. 후회하지 않으려고 노력합니다.

그러면 사람들이 되묻습니다. "앞으로 30년이 남아 있다면 어떻게 사시겠습니까?" 그럼 저는 또 대답합니다. "그렇게 먼 미래를 내다보며 살지 못했습니다. 예나 지금이나 하루를 바라보며 삽니다." 젊어서는 먹고살기에 바빠 앞날을 생각할 틈이 없었습니다. 그리고 나이가 드니 미래를 기약할 수 없어 오늘만 바라보며 삽니다.

그런데 막상 살아 보니, 오늘 하루에 집중하는 삶이 나쁘지 않더군요. 목표를 미래에 두면 오늘은 언제나 미완의 상태입니다. 그러나 오늘에 초점을 맞추면 성취거리가 많습니다. 아침에 건강히 눈을 떠서, 연구실에 나와 글을 한 편 쓰고, 약속한 사람을 만났으니, 오늘 하루 치 숙제를 잘 마쳤습니다. 그러면 걱정도 후회도 적고, 잠도 잘 옵니다. 다음 날 아침에 눈을 뜨면 기분이 좋습니다. 그렇게 충실히 또 하루를 삽니다.

나이 든 자의 여유라고 생각할지도 모르겠습니다. 그러나 마흔 살 이근후나, 쉰 살 이근후나, 아흔 살 이근후가 다르지 않습니다. 나이가 몇이든 내일을 모른다는 점에서 똑같기 때문입니다. 미래가 창창하던 젊은이가 무서운 사고를 당하기도 하는 게 인생입니다. 내일 무슨 일이 벌어질지 아무도 모릅니다. 그러므로 오늘에, 더 좁게는 지금 이 순간에 충실할 수밖에 없습니다. 그런 순간이 쌓여 인생이 되는 것일 뿐입니다.

이 책은 그 하루하루의 기록이 쌓여 만들어졌습니다. 하지만 이것은 내 인생의 기록일 뿐입니다. '이렇게 살아야 한다'는 교본으로 읽히지 않기를 바랍니다. 50년간 정신건강의학과 의사로 환자들을 상담하면서 한 가지 공통점을 발견했습니다. 환자들이 대체로 지난 삶을 매우 부정적으로 바라본다는 점입니다. 하지만 의사인 내가 보기에 환자들에겐 칭찬받을 만한 구석도 많았습니다. 나는 환자들이 지난 삶을 치우침 없이 객관적으로 바라보도록 도왔습니다. 마찬가지로 누구에게나 지난 삶에 어두운 부분 못지않게, 밝은 부분이 있습니다. 아니, 더 많습니다. 저는 이 책이 독자들이 과거를 똑바로 바라보고 자신을 칭찬하는 데 도움을 준다면 더 바랄 게 없겠습니다.

책을 낸 후 5년간의 이야기를 궁금해하는 독자들이 많았습니다. 또 운 좋게도 18개국에 판권이 수출되면서 세계 각지의 독자들과도 만날 수 있게 되었습니다. 이를 계기로 삼아서 미뤄 오던 개정증보판을 출간하게 되었습니다. 5년 동안 기고한 원고와 출연한 강의를 살펴보고, 그 내용을 5개의 글로 정리해 새로 실었습니다. 오늘 하루를 유쾌하게 사는 데 이 책이 조금이나마 도움이 되기를 바랍니다.

2024년 8월 이근후

삶을 사랑하고, 죽음을 생각하라!
때가 오면 자랑스럽게 물러나라.
한 번은 살아야 한다,
그것이 제1의 계율이고,
한 번만 살 수 있다,
그것이 제2의 계율이다.

−〈두 가지 계율〉, 에리히 캐스트너

인생의 비극 앞에서 웃을 수 있는 사람은
절망할지언정 결코 무너지지 않는다

올해로 아흔 살이 되었다. 이제는 누가 봐도 명실상부한 할아버지다. 등은 구부정하고 걸음은 느리고 머리카락은 희다. 9년 전에는 계단을 내려가다가 발을 헛디뎌 머리를 크게 다쳤다. 그때 '아, 이게 마지막이구나'라는 생각이 스쳤다. 다행히 뇌에 손상 없이 외상에 그쳐 한 달간의 입원으로 치료는 일단락되었다. 그 후 죽음은 내게 한 발자국 더 가까워진 느낌이다. 몽테뉴는 "죽는 법을 알면 모든 예속과 속박에서 벗어난다"고 말했다는데, 나는 아직도 죽음이 낯설고 두렵다. 다만 피할 수 없는 운명이기에, 되도록 불안한 마음을 달래면서 생활해 나가려고 노력할 뿐이다. 아침에 일어나면 그날 해야 할 일과 만나야 할 사람을 머릿속에 그려 본다. 종일 몸을 즐겁게 움직이면 죽음에 대한 생각은 일과를 마칠 때까지 조용히 물러나 준다. 고마운 일이다.

사고 이후 하나밖에 남지 않은 눈의 시력마저 침침해졌다. 결국 얼마 전에 중증 시각 장애 판정을 받았다. 나이가 들어서부터 컴퓨터를 장난감 삼아 온라인 강의도 듣고, 동호회 활동도 하고, SNS로 친구들과 안부도 주고받았다. 그런데 이제는 컴퓨터를 마음껏 할 수 없는 상황이 되었다. 청탁받은 원고가 한둘이 아닌데 난감했다. 할 수 없이 대학생인 손자 손녀에게 도움을 청했다. 내가 구술한 것을 타이핑해 달라고 요청했다. 손주들은 '알바' 삼아 내 일을 도왔다. 시력이 약해진 슬픔을 손자 손녀와 함께하는 시간으로 달랬다. 건강의 상실은 고통스럽지만 '그럼에도 불구하고' 하는 심정으로 눈을 씻고 찾아보면 좋은 점들이 있다. '이가 없으면 잇몸'이라는 속담이 괜한 말은 아니다.

젊었을 때는 의지를 세워 열심히 노력하면 웬만한 일은 전부 이뤄 낼 수 있을 줄 알았다. 그런데 살아 보니 알겠다. 인생은 필연보다 우연에 의해 좌우되었고, 세상은 생각보다 불합리하고 우스꽝스러운 곳이었다. 노력만으로 이룰 수 있는 일은 원래부터 많지 않았고, 흐르는 시간을 당해 내는 것은 결국 아무것도 없었다. 그래서 산다는 것은 슬픈 일이다. 나라는 존재의 미약함을 깨달아 가는 과정이기 때문이다.

그런데 다행스러운 점이 있다. 인생의 슬픔은 일상의 작은 기쁨으로 인해 회복된다는 사실이다. 고(故) 신영복 선생은 말했다. "그 자리에 땅을 파고 묻혀 죽고 싶을 정도의 침통한 슬픔에 함몰되어 있더라도, 참으로 신비로운 것은 그처럼 침통한 슬픔이 지극히 사소한 기쁨에 의하여 위로된다는 사실이다. 큰 슬픔이 인내되고 극복되기 위해서는 반드시 동일한 크기의 커다란 기쁨이 필요한 것은 아니다." 젊은 시절에 수감되어 20년을 감옥에서 보낸 그의 사유에 비할 바는 아니지만, 나 또한 비슷한 심정이다. 하루를 열심히 보내는 가운데 발견하는 사소한 기쁨과 예기치 않은 즐거움이 세월로 인한 무상감과 비애감을 달래 준다. 그래서 사람은 마지막까지 유쾌하게 살아야 한다. 사소한 기쁨과 웃음을 잃어버리지 않는 한 인생은 무너지지 않는다. 그리고 그런 즐거움은 마음만 먹으면 주변에서 언제든지 찾을 수 있다.

2013년에《나는 죽을 때까지 재미있게 살고 싶다》를 출간하고 나서 독자들을 만날 기회가 많았다. 독자들은 자주 물었다. "어떻게 그렇게 재미있게 사셨습니까?" 그럼 나는 이렇게 대답한다. "내가 언제 재미있게 살았다고 했습니까? 재미있게 살고 싶다고 했지요."

내 인생이라고 해서 특별히 재미있는 일이 많이 일어나거나, 행복이 가득하지만은 않았다. 남들처럼 먹고사느라 억지로 일해야 하는 시기도 있었고, 아이 넷을 키워야 하는 형편인데 뜻하지 않게 감옥과 군대를 다녀오는 위기를 겪기도 했다. 일상의 지루함과 소소한 시련이 번갈아서 찾아오는 평범한 인생이었다. 또 나이가 들어서는 나아질 기미가 없는 일곱 가지 병을 앓고 있으니 행복해 봐야 얼마나 행복하랴. 다만 어려운 상황이라도 사소한 즐거움을 가능하면 많이 찾아내 만끽하려고 노력하는 편이었다. 그런 의미에서 내 인생은 '재미있는 인생'이라기보다 '재미있기를 바라는 인생'에 더 가깝다.

어떤 독자들은 나에게 봉사, 공부, 등산, 글쓰기 등 어떻게 그렇게 많은 일을 지치지 않고 오랫동안 할 수 있었느냐며, 그 비결을 묻기도 한다. 그런데 처음부터 그럴 작정은 아니었다. 오히려 마음먹고 시작했다면 오래 못 했을 것이다. 반대로 할 수 있는 만큼만 찾아서 즐기겠다고 생각하니 꾸준할 수 있었다. 큰 즐거움은 얻지 못하면 큰 불행이 된다. 그러나 소소한 즐거움은 마음만 먹으면 얻기도 쉽고 쌓이면 큰 재미가 된다.

50년 넘게 정신건강의학과 의사로 환자들을 진료하고 대학에서 학생들을 가르치면서, 무엇이 사람의 마음을 고통스럽게 만드는가를 탐구했다. 내 경험으로만 보자면 원인은 크게 두 가지다. 하나는 과거에 대한 후회이고, 다른 하나는 미래에 대한 불안이다. 둘 다 안 느낄 수는 없겠지만, 과도해서 좋을 게 없다. 아무리 후회한들 바꿀 수 없는 과거이고, 아무리 걱정한들 피해 갈 수 없는 미래이기 때문이다. 더 나쁜 점은 이 두 가지가 지금, 여기에서 충분히 누릴 수 있는 삶의 기쁨들을 갉아먹는다는 사실이다.

만약 어느 시점에 이르러 후회와 불안에 잠을 설치게 된다면, 이제는 지나온 삶을 수용할 때가 되었다고 생각하라. 후회해도 내 인생이고, 만족해도 내 인생이다. 열심히 살아가는 과정에서 저지른 실수까지 피해 갈 수는 없는 노릇이다. 그 정도면 훌륭했다고 열심히 살아온 자신을 칭찬해 주어야 마땅하다. 그리고 아무리 준비한들 미래에 찾아오는 노화와 상실까지 막을 수는 없다. 구체적으로 준비하되, 불안한 마음은 현재의 즐거움으로 달래는 법을 깨우쳐야 한다.

뭐든지 알면 두렵지 않다. 인생도 마찬가지다. 사람마다 다른 삶의 방식을 다양하게 접하고 느낄수록, 앞으로 다가올 인생을 더욱 구체적으로 준비할 수 있다. 그런 준비 과정에 아흔 해의 내 이야기가 조금이나마 도움이 된다면 바랄 게 없겠다. 또 누구나 살아온 궤적을 살펴보면, 삶을 대하는 습관이나 자기만의 법칙이 있게 마련이다. 나 역시 작정하고 살아온 것은 아니지만, 돌이켜보니 삶을 대하는 일정한 습관이 있었다. 그러나 그것은 내 이야기일 뿐, 일반화하기는 어렵다. 다만 이 책이 독자들에게 자기만의 삶의 법칙을 찾는 계기가 되어 준다면 좋겠다. 그것이야말로 평생을 벼려 온 자기만의 독특한 삶의 무기이기 때문이다.

| 차례 |

추천의 말 · 4

개정증보판을 펴내며 · 6

프롤로그 | 인생의 비극 앞에서 웃을 수 있는 사람은
절망할지언정 결코 무너지지 않는다 · 11

1장 | 아흔이 되어서야 비로소 드는 생각들

: 나이 들었다고 억울해하지 말았어야 했다 · 23

: 바꿀 수 없는 것이 아니라 바꿀 수 있는 일에 더 집중해야 했다 · 30

: 소중한 사람들과 더 자주 연락하며 지냈어야 했다 · 37

: 죽도록 일만 하지 말았어야 했다 · 41

: 멈춰야 할 때 멈추는 법을 알았어야 했다 · 48

: 몸의 아픔은 품격 있게 표현해야 했다 · 55

: 아버지 살아 계실 때 더 많은 대화를 나눴어야 했다 · 62

: 자식에겐 좀 더 무심했어야 했다 · 69

: 지난 삶을 후회하느라 시간을 낭비하지 말았어야 했다 · 76

: 어쨌든 하루하루 재미있게 살았어야 했다 · 81

2장 | 어차피 백 년을 살아야 한다면

—인생을 대하는 태도

: 어차피 백 년을 살아야 한다면 : 나이 듦에 대하여 · 89

: 아흔이 되어서야 깨달은 인간관계의 비밀 : 사람에 대하여 · 96

: 할아버지라 부르면 싫고, 나이 든 거 몰라주면 노엽다 : 태도에 대하여 · 103

: 끝까지 살아 봐야 그 뜻을 알 수 있는 것들 : 시련에 대하여 · 109

: 나답게 사는 것 외에 다른 정답이 있을까? : 인생에 대하여 · 115

: 버틴다는 것의 진짜 의미 : 운명에 대하여 · 120

: 가족은 무엇으로 사는가 : 사랑에 대하여 · 126

: 말이 통하는 어른이 된다는 것 : 소통에 대하여 · 133

: 당신은 어떤 사람으로 기억되고 싶은가 : 우정에 대하여 · 140

3장 | 내가 불합리하고 우스꽝스러운 인생 앞에서 웃을 수 있는 이유

—일상을 대하는 태도

: 화내는 것도 습관이다 : 분노에 대하여 · 149

: 세상에 이해 못 할 일은 없는지도 모른다 : 공감에 대하여 · 154

: 더 건강해지겠다는 욕심은 일찍 버린다 : 몸에 대하여 · 161

: 나이가 들면 혼자보다는 함께하는 습관을 들인다 : 외로움에 대하여 · 166

: 골치 아픈 집안 대소사는 전부 자식에게 넘긴다 : 자유에 대하여 · 173

: 배우자를 내가 제일 잘 안다고 착각하지 않는다 : 부부에 대하여 · 179

: 돈 걱정에 인생을 낭비하지 않는다 : 경제력에 대하여 · 186

: 용돈이나 쥐어 주는 할아버지 역할에 만족할 것인가? : 손주들에 대하여 · 192

: 시에 재능 없는 내가 25년째 시를 낭송하는 까닭 : 취미에 대하여 · 198

4장 | 나답게 살다가 나답게 죽는다는 것
─세상을 대하는 태도

: 당신에겐 자기만의 시간과 공간이 있습니까? : 휴식에 대하여 · 207

: 더 늦기 전에 나를 위해 해야 하는 일 : 용서에 대하여 · 214

: 손주의 그림에 할아버지가 들어가기까지 : 가족에 대하여 · 222

: 늙어 가는 부모와 이제는 화해하고 싶다면 : 부모에 대하여 · 227

: 지금까지 살아 있다는 것 자체가 기적이다 : 감사에 대하여 · 234

: 지난 삶을 제대로 정리하는 법 : 후회에 대하여 · 238

: 삶과 평화롭게 이별하는 법 : 죽음에 대하여 · 244

: 지금 당장 베풀 수 있는 일곱 가지 나눔 : 세상에 대하여 · 250

5장 | 오늘 하루, 유쾌하게 나이 드는 법

: 인생 후배들에게 전하는 세 가지 당부 · 259

: 돈, 치열하게 벌되 한 가지만 기억할 것 · 264

: 다 큰 자녀는 되도록 빨리 독립시킬 것 · 271

: 지금까지 살아 준 배우자에게 무조건 감사할 것 · 278

: 언제까지나 도전적으로 살겠다고 결심할 것 · 284

: 마흔부터는 취미에 돈과 시간을 아끼지 말 것 · 289

: 어떤 때에라도 사람에 대한 예의를 갖출 것 · 296

: 단순하게, 더 단순하게 살아갈 것 · 301

: 떠올리면 웃음이 나는 따뜻한 추억을 최대한 많이 만들 것 · 307

이근후에 대하여 | 그에게 더 멋지게 어울리는 모습

　　　　　　　　　－ 이강백(극작가·전 서울예술대학교 교수) · 312

1장

아흔이 되어서야
비로소 드는 생각들

특별한 일, 재미있는 일 하나 없다고 지루하게 살지 말라.
찾아서 누리려고 하면 즐거운 일은 늘 우리 곁에 있다.
대접받으려는 수동성이야말로 세상과 불화하는 가장 큰 요인이다.

나이 들었다고
억울해하지 말았어야 했다

　미국의 유명한 정치 칼럼니스트 마이클 킨슬리는 42세의 젊은 나이에 파킨슨병에 걸려 남들보다 빠르게 노화를 경험했다. 그는 신체의 변화를 겪는 동안 느끼는 소회를 담아《처음 늙어 보는 사람들에게》라는 책을 썼는데, 거기에 재미있는 일화가 나온다. 킨슬리는 매일 아침 출근 전에 수영을 하곤 했는데, 어느 날 아침 수영장에서 한 노인을 만나게 되었다. 노인은 킨슬리를 보고 웃으며 말했다.

　"내 나이가 90이오."

　"와, 놀랍네요. 전혀 그렇게 보이지 않아요."

　그런데 노인은 칭찬에 우쭐해졌는지 가슴을 내밀면서 선

언하듯 말했다.

"나는 판사였다오."

나이까지만 말했으면 좋았을 것을. 괜한 잘난 척이 킨슬리의 심기를 건드렸나 보다. 책의 문장을 그대로 옮겨 보겠다.

자신이 판사였다는 사실을 말하고 난 뒤, 그의 얼굴에는 별 상관도 없는 얘기를 어리석게 해 버렸다며 전전긍긍하는 표정이 스치고 지나갔다. 스스로를 한심해하는 것 같았다.

젊은 시절, 자신이 판사였을 때는─그가 정말 판사였다면─처음 본 사람에게 다가가 말을 걸면서 자기가 판사라고 밝힐 필요성 따위는 전혀 느끼지 못했을 것이다. 그는 괜히 우쭐대다가 꼴이 말이 아니게 돼 버렸다는 것을 깨달은 것 같았다. 그러면서 자신이 그토록 떨쳐 버리고자 했던 생각, 즉 '늙은 바보는 이제 한물갔어!'라는 생각을 하면서 수영장을 떠났다. (…) 어쨌든 한 가지는 분명했다. 그는 한물간 노인네였다.

누구나 한 번쯤은 비슷한 '부끄러운' 경험을 했을 테다. 나만 해도 그렇다. 젊었을 땐 "내가 왕년에…"로 시작하는 선배들 이야기가 그토록 지겨웠건만, 언젠가부터 나도 모르게 과거의 영화(?)가 입 밖으로 나온다. 그나마 후배들 앞에선

입단속을 한다. 백수가 된 시니어들끼리 모이면 이만한 고관대작 모임이 없다. 대화의 주제는 대부분 과거에 잘나갔던 이야기들이다. 왜 그럴까? 예전만치 못한 현재의 모습을 감추고 싶어서다. 옛이야기지만 6·25 전쟁 때 북한에서 피난 온 사람들이 유행어처럼 쓰던 말이 있다. "나 이북에 살 때 금송아지 메고 살았어." 별 볼 일 없는 현재의 모습을 받아들이기가 어려워서 그런 말로라도 스스로를 위로하며 살았던 것이다.

"잘난 사람 잘난 대로 살고, 못난 사람 못난 대로 산다"는 노래 가사가 있다. 그런데 잘난 사람은 잘난 대로 살기 쉬워도, 못난 사람은 못난 대로 살기가 무척 어렵다. 우선 못남을 받아들이기가 힘들다. 바로 열등감이다. 정신분석학자 아들러에 따르면 열등감은 현재에 만족하지 않고 더 우월한 존재로 스스로를 발전시키는 원동력이다. 그러므로 꼭 나쁜 게 아니다. 그러나 열등감이 잘못 작동하면 '열등 콤플렉스'에 빠진다. 원래 못났으니 아무것도 이룰 수 없다고 지레 좌절해 버리거나, 자신의 열등감을 감추기 위해 스스로 우월하다고 거짓된 최면을 거는 식이다.

자본주의 사회는 열등감을 이용해 돈도 번다. 교수로 봉직하던 시절, 백과사전을 판매하는 외판원이 연구실에 들렀다. 그는 명색이 교수라면 당연히 영국에서 나온 백과사전 한 질쯤은 소장해야 한다며 나를 설득하려 들었다. 하지만 그 많은 책을 전부 읽을 것 같지도 않았고, 필요한 책은 도서관에서 충분히 빌려 볼 수 있었다. 나는 돈이 없다는 이유로 거절했다. 그러자 그는 대출까지 알선해 줄 수 있단다. 내가 끝까지 거절하자 그는 회심의 한 방을 날렸다.

"교수님, 교수님은 이 대영 백과사전을 갖고 있지 못한 것을 부끄럽게 생각하셔야 합니다."

자존심을 건드려 팔아 보려는 수작이었다. 나는 이렇게 대답했다.

"안 그래도 부끄럽게 생각하고 있습니다."

결국 외판원은 백기 투항하며 자신이 왜 그런 말까지 했는가를 설명했다. 그는 거절하는 사람에게 다시 구매를 권하는 매뉴얼을 갖고 있었는데, 매뉴얼의 마지막 단계가 열등감을 자극하라는 것이었다. 그때 만약 내 수중에 충분한 돈이 있었다면 어땠을까. 나도 잘난 체하고 싶은 마음에 사전을 사들이고는 후회했을 것 같다. 그만큼 열등감은 강렬한 감정이다.

나이가 들수록 특히 열등감을 조심해서 다뤄야 한다. 나이가 들면 나빠지는 것이 많다. 우선 건강이 예전 같지 않다. 생활의 활력이 줄어들다 보니 우울감도 쉽게 찾아온다. 경제적으로도 상당히 위축되고 사회적인 영향력도 줄어든다. 특히 우리나라는 굉장한 '명함 사회'다. 출신 학교, 최종 학력, 공식 직함으로 사람을 구분하길 좋아한다. 그래서 공식적인 위치에서 내려온 은퇴자들은 심리적으로 위축된다. 특히 높은 위치에 올랐던 사람일수록 더 크게 위축된다. 그래서인지 어떤 이들은 은퇴 후에 새로 명함을 만들어 뒷면에 자신이 달았던 공식 직함을 전부 써 넣기도 한다. 한마디로 "지금은 별볼 일 없지만 한때 나도 잘나갔어"라는 것이다.

예전에 잘나가던 시절을 어떻게든 알리고 싶은 그 심정을 모르는 바 아니다. 세월이 흘러 달라지는 것들을 담담하게 받아들이기란 참으로 어렵다. 머리로 이해하긴 쉬워도 가슴으로 인정하긴 힘들다. 하지만 변화를 받아들이지 못하고 현재의 자신을 못나게 여겨서 열등감에 휩싸이면 과도한 짓을 저지르기 쉽다. 한마디로 '오버'를 하게 된다. 한때 높은 자리에 있었다며 갑질 아닌 갑질을 하려 들고, 젊은이들을 향해 자꾸만 훈수를 두고, 세상을 향해 과격한 발언을 쏟아 낸다. 어떤 사람들은 한창때 몸을 되찾겠다며 성형에 큰돈을 쓰기도 하고, 각종 건강식품과 운동 기구에 집착해서 지켜보는 이들의 안타까움을 사기도 한다.

하지만 아무리 노력해도 우리는 모두 언젠가는 '한물간 노인네'가 될 수밖에 없다. 지구의 모든 생명체가 종국에는 죽음에 이르듯 인간도 생물학적 사회적 정점을 찍고 나면 쇠퇴의 길을 걸어갈 수밖에 없다. 그리고 그때가 되면 아무리 잘난 체해 봐야 누가 거들떠보지도 않는다. 또 열등감 속에서 자신을 괴롭힌들 누가 연민의 정을 갖고 위로해 주지도 않는다. 냉혹하게 느껴질지 몰라도 자연스러운 현상이다. 그런데도 한창 잘나가던 과거의 자신을 세워 놓고, 그것을 이겨 보겠다고 애쓰는 이는 얼마나 어리석은가.

누군가 나에게 반드시 필요한 삶의 기술을 하나 꼽으라면, 나는 '정견(正見)'이라고 대답할 것이다. 사람에겐 자신을 바로 볼 줄 아는 능력이 필요하다. 이제는 체력이 떨어진 나, 사회적으로 협소해진 나, 경제적 능력이 줄어든 나를 있는 그대로 바라본다. 화가 나면 '화가 나는구나' 하고 느껴 본다. 무엇을 잘못해서 지금에 이른 것이 아니다. 과거의 나는 그대로 멋졌고, 현재의 나는 이대로 괜찮다. 여기까지 생각이 미친다면, 삶을 괴롭게 만드는 열등감에서 비로소 자유로워질 수 있다.

그럼에도 왕년에 비해 현재의 내가 쓸쓸하게 느껴지는 당신을 위해 위로의 글을 남긴다. 앞서 수영장에서 만난 아흔 살 노인의 손자가 쓴 것으로, 킨슬리가 노인과의 일화를 〈뉴요커〉에 싣자 그에 대한 답글로 남겼다고 한다. 노인이 이처럼 멋진 삶을 살았다는 것을 미리 알았더라면 그가 왕년에 판사였다는 사실은 별로 중요하게 여겨지지 않았을 텐데….

할아버지의 성함은 리처드 이반츠였고, 킨슬리가 썼듯이 당시 90대였으며, 로스앤젤레스 카운티 고등법원 판사로 20년을 봉직하신 바 있다. 만약 할아버지가 킨슬리의 글을 보셨다면 장수한다는 것은 한 사람의 삶을 평가하는 잣대로는 옳지 않다고 지적하셨을 것이다. 삶에서 '유일하게 중요한 요소'는 생명의 길이가 아니다. 삶의 가치를 평가하는 데 가장 적절한 잣대는 그 사람이 일평생 살아온 방식이 되어야 한다. 할아버지는 매일매일을 최선을 다해 사셨다. 할아버지께서는 동료들을 그들의 장점과 함께 단점까지도 아우르며 사랑하셨다. 또한 자신이 장수하는 것에 대해서도 자부심이 강했는데, 단지 오래 살아남았다는 사실 때문이 아니라 삶에 대해서 열정적이셨기 때문이었고, 또한 다른 사람들에게 그들의 삶이 얼마나 가치 있는 것인지를 일깨워 주는 것을 매우 좋아하셨기 때문이었다. 나는 킨슬리가 여전히 삶의 '대열'에 참여하고 있는 것을 기쁘게 생각한다. 하지만 슬프게도 할아버지는 더 이상 여기 계시지 않는다. 지난 11월에 세상을 떠나셨다. 할아버지는 생의 마지막 일주일까지도 매일 아침 그 수영장에서 수영을 하셨다.

바꿀 수 없는 것이 아니라
바꿀 수 있는 일에 더 집중해야 했다

인생을 정반대의 태도로 살았던 두 사람이 있다.

한 사람은 마흔 살에 군용 트럭에 치여 하반신이 마비되는 교통사고를 당했다. 6·25 전쟁의 한복판에서 당한 일이었으므로 제대로 치료를 받지 못해 결국 반신불수가 됐다. 그러나 그는 죽지 않고 이만큼만 다친 것도 감사한 일이라고 늘 말하곤 했다. 그렇게 긍정적인 태도를 잃지 않았던 그는 40년을 더 살아 80세의 나이에 평화롭게 타계했다.

다른 한 사람은 나보다 연배가 높은 교수님이다. 학자이자 교수로, 남들이 보기에 그분의 인생은 모자랄 게 없었다. 그러나 정작 그분은 매사에 불평과 불만이 많았다. 가정도, 학교도, 세상도 문제투성이라고 했고, 심지어 날씨조차도 그냥 넘어가는 법이 없었다. 노상 불평을 들어야 했던 동료 교수나 학생들은 여간 불편하지 않았다. 아마 사사건건 분노가 올라오는 그분 자신이 가장 불편했을 것이다. 그래서일까. 그분은 정년을 마치고 금방 세상을 떠났다. 나는 장례식장을 찾아 사모님께, 앞으로 할 일도 많은 연세인데 일찍 돌아가셔서 안타깝다는 마음을 전했다. 그랬더니 사모님께서 말씀하셨다.

"아쉽기는 뭐가 아쉬워요. 자기 성질 못 버려 일찍 돌아가셨는데….”

가끔 나는 이 두 사람을 동시에 떠올려 보곤 한다. 한 사람은 시련을 겪고도 마지막까지 긍정적인 태도로 삶을 살아 냈지만, 다른 한 사람은 평탄 대로를 걸으면서도 늘 부정적인 안경을 끼고 세상을 바라봤다. 왜 이 두 사람은 정반대의 태도로 세상을 살았을까? 두 사람의 태도 차이는 어디에서 오는 것일까?

첫째로, 인생을 바라보는 시선이 달랐다. 반평생을 장애와 더불어 살아간 그는, 불행은 언제든 누구에게나 찾아올 수 있다는 냉정한 진실을 수용했다. 누구나 평생 부유하고 건강하고 화목하게 살기를 바란다. 그러나 인생은 뜻대로만 풀리지 않는다. 노력이 부족했거나 잘못을 저질러서가 아니다.

그저 인간의 힘으로 어쩌지 못하는 일들이 일어날 뿐이다. 그는 자기 힘으로 바꿀 수 없는 부분이 삶에는 엄연히 존재한다는 사실을 겸허히 받아들였다.

반대로 선배 교수님은 '~해야 한다'는 기준이 많았다. '세상은 ~해야 하고, 사람은 ~해야 하고, 나는 ~해야 하고….' 그런 기준들에 자꾸 걸려 넘어졌다. 매사 문제투성이였다. 문제는 모든 일을 마음대로 뜯어고칠 수 있는 인간은 세상에 없다는 데 있다. 내 마음에 안 든다고 타인의 태도를 바꿀 수 있을까? 내 눈에 바르지 못하다고 해서 세상을 단번에 교정할 수 있을까? 이것은 마음에 들지 않는 날씨를 바꾸겠다고 떼를 쓰는 것과 비슷하다. 자기 힘으로 어쩔 수 없는 일에 자꾸 신경을 쓰고 불평하면, 관계가 틀어지고 인생이 버거워진다.

이것이 두 사람이 다른 인생을 살아간 두 번째 이유다. 선배 교수님은 자력으로 바꿀 수 없는 일에 너무 많은 에너지를 쏟았다. 그러다 보니 지금 여기에서 느낄 수 있는 행복을 몽땅 놓쳤다. 사모님께 따뜻한 말 한마디 건넬 줄 몰랐고, 학생들을 가르치는 즐거움도 느끼지 못했다. 학력, 재력, 건강 등 많은 자원을 가졌지만, 정작 그것을 누리지 못했다.

반대로 반신불수로 살았던 그는 과거를 후회하거나, 오지 않은 미래를 원망하면서 시간을 낭비하지 않았다. 어쩔 수 없었던 불운한 사건에 대해서는 깨끗이 단념했다. 자책감에 빠지지도 않았다. 그리고 지금 여기에서 할 수 있는 일을 하며 하루하루를 살았다. 그는 대체로 다정했고 긍정적이었다. 그리고 가족과 친구들 품에서 따뜻하게 생을 마감했다.

아흔에 이른 나는 반신불수의 삶을 살았던 그를 자주 떠올린다. 내 왼눈은 이미 오래전부터 실명 상태다. 그나마 흐릿하게 보이던 오른눈으로 어렵게 버텨 왔는데, 이제는 그 눈마저 거의 보이질 않는다. 고개를 돌려 시선을 맞추고 볼이 닿을 듯 가까운 거리에서 봐야 형체만 보일 뿐이다. 급기야 몇 달 전에는 공식적으로 중증 시각 장애 판정을 받았다.

눈이 보이지 않는다는 것은 겪어 보지 않으면 모른다. 답답함과 불편함을 넘어 견디기 어려운 불안과 분노를 동반한다. 그럴 때 나는 하반신을 못 썼어도 긍정적으로 살다 간 그를 떠올리며 마음을 다스린다. 그리고 거꾸로 생각해 본다. 비록 눈은 잘 보이지 않지만, 곁에서 나를 도와주는 요양보호사가 있어 얼마나 다행인가. 더군다나 컴퓨터에 능한 보호사를 만난 덕분에 청탁 원고도 쓰고 인터뷰에도 응할 수 있으니, 참 감사한 일이다. 또 여전히 나를 찾아주는 이들이 있고, 오늘도 해야 하는 일들이 있다. 그렇게 시력 상실로 인한 좌절감을 다스리고, 지금 여기에서 할 수 있는 일에 초점을 맞춘다.

노년에 이르러 찾아오는 우울감을 다스릴 때도 마찬가지다. 나이가 들면 우울해지기가 쉽다. 죽음에 대한 근원적 불안이 선명해지고, 밥 먹듯이 쉽게 하던 일들이 점차 어려워지기 때문이다. 불편하고 화가 나지만, 어쩔 수 없다. 노화로 인한 변화라면 받아들여야 한다. 다만 우울에 잠기지 않도록 노력할 뿐이다.

나는 아침에 일어나면 되도록 연구실로 출근한다. 데려다 줄 사람만 있으면 주말에도 연구실에 들른다. 집에 있으면 괜히 들리지도 보이지도 않는 텔레비전만 켜 놓고, 나도 모르게 우울한 생각에 빠져든다. 연구실 출근은 그런 감정에서 벗어나고자 나름대로 몸부림을 치는 것이다. 그걸 모르는 자식들은 걱정하는 마음에, 주말만은 집에서 편히 쉬라고 채근한다. 하지만 노년에 휴식은 별로 권장할 만한 게 못 된다. 차라리 할 수 있는 한에서 몸을 바삐 움직이는 게 좋다.

어느 날은 연구소에 앉아 있는데도 울적함을 떨치기가 어려웠다. 자꾸 지나간 과거, 못 하게 된 일 같은 것들만 떠올랐다. 나는 다시 마음을 다잡았다. '우울하면 재밌는 일을 만들면 된다.' 나는 요양보호사와 함께 인터넷으로 한때 유행했던 유머 모음 글을 찾아 나섰다. 글을 읽으며 웃고, 거기에 짧은 생각을 덧붙였다. 그 글이 벌써 60편이 넘었다.

나는 '그럼에도 불구하고'라는 말을 좋아한다. 살다 보면 스스로 해결하기 어렵고, 감당하기 힘든 상황에 부딪힌다. 특별한 사건이 일어나지 않더라도 그런 상황은 피할 수 없다. 노화 자체가 거기에 속하기 때문이다. 이런 일에 닥쳤을 때 사람들이 보이는 가장 흔한 반응은 '부정'이다. '있을 수 없는 일이다'라거나 '다른 사람은 몰라도 나는 다르다'라는 식으로 회피한다. 그러나 이런 말은 일시적 위안일 뿐 근본적인 해결책은 아니다.

시련을 대하는 성숙한 자세는 바르게 보는 데서 시작한다. '호랑이한테 물려 가도 정신만 차리면 산다', '하늘이 무너져도 솟아날 구멍은 있다'라는 옛말처럼, 상황을 직시하면 해결책이 보인다. 이미 일어난 불행은 물릴 수 없다. 하지만 그 불행을 인정하고 제대로 바라보면, '그럼에도 불구하고' 할 수 있는 일은 언제나 있는 법이다. 비록 미약한 발버둥처럼 보일지라도, 그런 작은 시도가 쌓여 습관이 되고, 행동 양식이 된다. 시련을 겪고도 긍정적으로 사는 사람과 무탈한 인생인데도 부정적으로 사는 사람은 바로 여기서 갈린다.

나는 강연에 나가면 이 말을 자주 한다.

"누운 사람은 앉아 보세요. 앉은 사람은 서 보세요. 선 사람은 걸어 보세요. 걷는 사람은 뛰어 보세요."

때론 끝 모를 시련이 연이어 닥칠 때가 있다. 그러다 보면 해결책은커녕 무엇도 해 볼 도리가 없고, 좌절은 습관화된다. 하지만 그런 때라도 할 수 있는 일은 있다. 아무리 힘들어도 지푸라기라도 잡는 심정으로 딱 한 단계만 시도해 보는 것. 그 작은 시도가 많은 것을 바꾼다. 첫걸음에 뛰는 사람은 없다. 한 걸음 한 걸음이 쌓여 뛸 수도 있게 되는 법이다.

사람은 참으로 오묘한 존재다. 갖은 시련을 겪고도 웃고 베풀 줄 아는 자도 사람이요, 꽃길만 걷고도 불평할 수 있는 자도 사람이다. 결국 삶을 결정하는 것은 타고난 운명도, 예기치 않은 행운과 불행도 아니다. 그럼에도 불구하고, 지금 여기에서 할 수 있는 일을 하기로 선택하는 것, 그것이 모여 인생의 방향이 결정된다. 그래서 나는 오늘도 나 자신에게 묻는다. 나는 오늘 무엇을 선택할 것인가.

소중한 사람들과
더 자주 연락하며 지냈어야 했다

김재은 교수는 나보다 네 살 많은 선배 교수님이다. 평생 학생들을 가르치며 누구보다 부지런히 연구한 우리나라의 대표적인 교육 심리학자로, 은퇴 후에는 학문적 재산을 바탕으로 사회 발전에 이바지하고자 꾸준히 애쓰셨다. 아흔을 홀쩍 넘은 나이에도 건강한 정신으로 하루하루 즐겁게 살아가는 그의 모습을 지켜보는 것이 후배로서 매우 존경스럽고 행복하다. 이렇게 말하면 내가 그를 선배로서 꽤나 깍듯이 모시는 줄 알겠지만, 실상 우리는 작은 일로 티격태격하는 친구 사이 같다. 그만큼 격의 없고 열린 사고를 갖춘 분이다.

김재은 교수는 자주 "내 평생 참 좋은 사람들하고 살았다"

라고 말씀하셨다. 주위에 남을 행복하게 해 주려는 사람이 많았다는 것이다. 그리고 나이가 들수록 그리운 사람, 보고 싶은 사람이 있는데 이런저런 생각이 들 때는 곧바로 실행에 옮겨야 후회가 없다고 강조했다. 그 만남을 다음으로 미루었다가는 자기처럼 땅을 치고 후회할지도 모른다면서 말이다.

김재은 교수에게는 각별한 선배가 있었다. 그의 주치의였던 고(故) 박문희 원장이다. 박문희 원장은 내가 국립정신병원(현 국립정신건강센터)에 재직할 때 원장으로 계셨기에 나도 잘 아는 분이다. 당시만 해도 척박했던 의료 환경을 개선하는 일에 늘 앞장섰기에 따르는 후배 의사들이 많았다. 한마디로 정신 의학계의 거목이었다. 그런 분이 어느 날 김재은 교수에게 전화해 이렇게 말했다고 한다.

"김 교수, 인자 내가 안 보고 싶제(이제 내가 안 보고 싶지)?"

평소라면 "어이 김 교수, 점심이나 같이하세"라고 호쾌하게 후배를 호출할 사람이었다. 결코 자기감정을 쉽게 내비치는 분이 아니었다. 그런 선배가 느닷없이 자기가 더는 보고 싶지 않느냐니…. 김 교수는 순간 멍해졌다. '선배님이 많이 약해지셨나? 몹시 외로우신가?' 그동안 소원했던 것에 대해 죄송스럽게 생각하며 대답했다.

"네, 곧 찾아뵙겠습니다. 안 그래도 찾아뵈려고 하던 터입니다."

그러고 일주일 후 김 교수는 박 원장의 부음을 들었다. 일주일간 이 핑계 저 핑계를 들며 곧장 찾아뵙지 않은 것이 김 교수에겐 통한으로 남았다. 이 일을 얘기할 때마다 김 교수는 이렇게 말문을 연다.

"내 평생 후회를 가슴에 안고…."

시간은 우리를 기다려 주지 않는다. 보고 싶은 사람이 있으면 미루지 말고 찾아가고, 전화를 걸어 안부를 물어야 한다. 젊을 때 같으면 내일로 미뤄도 되지만 중년에 이르면 생각나는 대로 행동으로 옮겨야 한다. 내가 보고 싶은 그 사람이 멀지 않은 곳에 있다는 것은 참으로 행복한 일이다. 전화한 통으로 만날 수 있다면 그보다 행복한 일도 없다.

이 나이가 되고 보면 그리운 사람을 만나고 싶어도 만날 수 없는 경우가 빈번해진다. 나는 연구실로 출근하면 컴퓨터부터 켠다. 이메일을 확인하고 곧바로 페이스북에 들어가는데, 어느 날 한 친구의 생일이라는 알림이 떴다. 순간 어리둥절했다. 그는 몇 년 전에 타계했기 때문이다. 나는 그 친구의 페이스북에 메시지를 남겼다.

'생일 축하하네. 그 동네도 살 만한가.'

그와 나는 의과대학을 함께 다녔다. 대학 시절, 친구들이 우르르 몰려 간 동기생의 결혼식을 나는 이 친구 때문에 참석하지 못했다. 한쪽 폐가 나빠져 곧바로 수술해야 하는 그의 곁에 내가 남았던 것이다. 그의 페이스북 기록을 죽 훑어 보니 그때 결혼했던 친구도 작년 이 친구의 생일에 축하 글을 남겼다. 하지만 올해는 새로운 글이 없었다. 학생 때 결혼한 그 친구도 타계했기 때문이다.

대학 동기 중 반 수 이상이 이미 하늘나라로 갔다. 살아 있어도 건강 문제로 요양원에 들어가 있거나 거동이 불편해 바깥 외출이 어려운 친구가 많다. 나는 가끔 대학 동기들에게 단체 메일을 보내는데, 이제 답을 보내는 사람은 둘뿐이다. 메일함을 열어 볼 땐 덜컥 두려움이 몰려온다. 혹시 누군가의 부음 소식이 날아든 건 아닌가 하는….

인생을 힘들게 만드는 것 중 하나가 바로 외로움이다. 그것을 해소하는 가장 쉬운 방법이 바로 오래된 친구들과의 만남이다. 추억을 하나하나 꺼내어 이야깃거리로 삼으면 그야말로 시간 가는 줄 모르게 즐겁다. 또 체력적으로나 사회적으로나 가장 왕성했던 내 모습을 기억해 주는 친구를 만나는 일은 나이 들어 찾아오는 무력감을 해소하는 데도 도움이 된다. 무엇보다 동시대인으로서 우리가 지금 함께 살아 숨 쉬고 있다는 사실만으로도 큰 위안이 된다.

그러니 보고 싶은 사람이 있다면 지금 당장 그에게 연락해 보라. 훗날을 기약하며 머뭇거리기엔 남은 인생이 그리 길지 않다.

죽도록 일만
하지 말았어야 했다

한창 우리나라가 산업화에 박차를 가하던 1981년, 금성사(현 LG)는 북미 시장을 공략하기 위해 미국 헌츠빌에 컬러 텔레비전 공장을 세웠다. KBS에서는 공장을 짓고 운영하는 모습을 마치 회사의 홍보용 영상처럼 제작해 방영했다. 워낙 대기업의 위상을 강조하고 국민의 애국심을 고취하는 데 열중하던 시대였다. 그런데 그 영상에서 기억에 남는 부분이 있다. 공장을 운영하는 한국 사장이 미국 근로자의 가정을 방문해 그 가족과 대화를 나누는 장면이었다. 사장이 물었다.

"남편께서 열심히 일해 주고 계신 데 대해 무척 감사드립니다. 사장으로서 보답하고 싶은데 무엇을 해 드리면 되겠습니까?"

나는 속으로 생각했다. '월급을 올려 달라고 할까? 아니면 보너스?' 그런데 부인의 대답은 내 예상을 크게 벗어났다.

"사장님, 제 남편을 제시간에 가정으로 돌려보내 주세요."

당시로선 도무지 이해가 가지 않는 답변이었다. 부강한 나라, 부자 국민을 목표로 불철주야 일만 하던 시대였다. 돈을 많이 벌어 오는 가장이 최고의 가장으로 추앙받았다. 그런데 돈은 됐으니 남편을 제때 집으로 보내 달라니.

그 후로 40년 넘는 세월이 흘렀다. 이제 아흔을 앞둔 내 친구가 비슷한 후회를 한다.

"그렇게 열심히 일만 하며 살 필요가 없었는데…."

젊어서 죽도록 일만 하다가 어느 날 돌아보니 애들은 이미 다 커 버렸고 아내와는 서먹해져 버렸단다. 우리 나이 또래라면 이 말에 크게 공감할 것이다. 대한민국의 압축적 성장은 우리로 하여금 많은 희생을 강요했다. 열심히 일하지 않으면 살아남을 수 없었기 때문에 스스로를 엄청나게 몰아세웠다. 농경 사회에서 누렸던 느림과 안정은 사라지고 경쟁 속에서 쫓기는 삶을 살았다. 한때는 40대 연령군에서 과로사가 사망 원인 1위로 올라서기도 했다.

더 안타까운 일은 그러한 현실이 크게 달라지지 않았다

는 점이다. 일과 삶의 균형을 의미하는 '워라밸(워크 앤 라이프 밸런스)'이라는 말이 유행한 지도 벌써 10년, 요즘 젊은이들이 회사를 고르는 조건에는 연봉이나 고용의 안정과 더불어 '워라밸'을 얼마나 실천하는 회사인가도 포함된다고 한다. 우리 사회에 새로운 바람을 불어넣는 좋은 흐름이지만, 한편으로 여전히 경쟁적으로 일만 하고 있음을 보여 주는 반증인 것 같아 씁쓸했다.

아내는 가끔 자신의 30~40대를 돌아보면 머릿속이 휑하다고 한다. 일하랴 아이들 키우랴 너무 바쁘게 살아서 아무 것도 기억나지 않는다는 것이다. 머릿속이 휑한 것은 나도 마찬가지다. 얼마 전에는 아들과 대화할 기회가 있었다. 아들은 초등학교 때 우리 부부가 모두 직장에 나가면 아무도 없는 집이 불안했다고 한다. 셋이나 되는 동생을 자기가 챙기고 보살펴야 한다는 책임감 때문에 심리적으로 '소년 가장'이었다고 말했다. 어린 나이에 그런 스트레스를 받았다니, 아버지로서 참 미안했다.

오직 생존만을 목표로 구성원을 지나친 경쟁 구도 속으로 몰아넣는 시대는 막을 내려야 한다. 이제는 생존이 아니라 삶의 질을 생각할 때다. 저임금 장시간 노동이 경제를 이끌어 가던 시기는 한참 전에 지났다. 앞으로의 경제는 창의적인 인재로 인해 발전할 것이다. 창의성은 적당한 여유와 휴식, 용감한 시도와 실패 속에서 성장한다.

그러면서도 한편 생각해 본다. 그동안 우리는 억지로, 오로지 먹고살기 위해서 일을 했던 걸까? 우리는 왜 청춘을 바쳐 가며 그렇게 일에 매진했던 걸까?

내가 처음 정신과(현 정신건강의학과)에 발을 디뎠을 때, 우리나라의 의료 현실은 외국 책에서 배운 내용과는 상당히 판이했다. 나는 책에 나오는 이론들을 현실에 적용해 보면서 의사 생활을 해 나갔다. 우선 연세대 전임 강사로 부임했을 때, 학생들을 가르칠 제대로 된 번역서가 거의 없었다. 나 역시 학창 시절에 원서를 가지고 씨름하듯 공부했던 터라 번역서가 어서 나왔으면 하고 바랐다. 하지만 아무도 번역을 안하니 내가 직접 나서기로 했다. 영어가 서툴러서 수천 번 사전을 들여다보며 힘들게 작업한 결과로 출간한 첫 번역서는 가뭄의 단비처럼 전공의뿐만 아니라 간호사와 상담사에게도 도움이 되었다.

또 외국의 이론서에는 사이코드라마나 미술치료 같은 기법으로 환자를 치료한 사례가 제법 실려 있었다. 전통적인 약물치료나 분석치료만 고수하던 때라서 그런 이야기가 무척 신선하게 다가왔다. 나는 어떻게 하면 사이코드라마를 치료에 적용할 수 있을까를 고민했다. 그런데 어느 날 극작가 오영진 선생이 병원에 들렀는데, 나는 그때를 놓치지 않고 그에게 사이코드라마를 소개하며 함께 시도해 보지 않겠느냐고 제안했다. 그런 인연을 계기로 이강백 교수, 김상열 연출가가 힘을 보태어 1974년에 국내 최초로 사이코드라마 치료법을 실시했다.

또 1970년대 이화여대 정신과(현 정신건강의학과) 주임교수로 재직할 때에는 처음으로 개방 병동을 운영했다. 환자를 침대에 묶어 놓는 등의 비인격적인 폐쇄 병동 시스템이 당연하게 여겨지던 때였다. 해외에서는 개방 병동이 대세였지만, 병원 관계자와 환자 보호자들의 우려로 우리나라에선 시도조차 못 하고 있었다. 다행히 학교는 나에게 병원 운영에 관한 전권을 주었고, 나는 정신 질환자도 사람답게 살아야 치료도 잘된다는 신념으로 개방 병동을 열었다.

돌이켜보면 나는 그 일들을 하면서 신나고 즐거웠다. 책에서 본 이론들을 실제 치료 환경에 적용하는 과정이 의미 있고 보람찼다. 마치 돌무더기로 가득했던 땅을 밭으로 일군 농부가 된 듯했다. 그랬기 때문에 앞뒤 가리지 않고 두려움 없이 새로운 일에 뛰어들었다. 일이 주는 몰입감과 행복이 있었기에 머릿속이 휑할 정도로 일에 매진할 수 있었다. 단순히 먹고살기 위해서, 1등이 되기 위해서라면 이토록 열심히 할 수는 없었을 것이다.

젊어서 죽어라 일만 했다고 후회하는 사람이 많다. 너무 일만 하느라 다른 좋은 것들을 못 보고 지나쳐서 아쉬울 수도 있다. 하지만 왜 그토록 열심히 일했는가를 진지하게 한번 돌아보면 어떨까. 일이 주는 보람과 만족, 기쁨과 성취가 있었기에 일에 몰두하지 않았던가. 일을 함으로써 자기 정체성을 분명히 하고, 직업인으로서 자랑스러움을 느끼지 않았던가. 그렇다면 죽도록 일만 했다고 한탄할 게 아니라 열심히 일한 자신을 칭찬해 주어야 마땅하다. 인간의 행복 중 절대 빼놓을 수 없는 것이 일에서 누리는 보람이다. 그 보람을 한정 없이 누렸으니 당신은 얼마나 행운아인가.

그래도 후회감이 크다면, 그것은 뚜렷한 기준을 세우지 못한 채 끌려가듯 일했기 때문이다. 병원에 찾아오는 이들 가운데 '번아웃(burnout)' 증상으로 찾아오는 40대 남자들이 꽤 있었다. 그들은 하나같이 일이 아닌 무언가를 통해 자기 자신을 되찾고 싶어 했다. 하지만 그 대상을 찾거나 실행에 옮기는 데는 대부분 실패했는데, 시간이나 금전적인 여유가 없어서가 아니라 그게 뭔지를 도무지 몰랐기 때문이다. 그런 사람들은 아무리 일과 삶의 균형을 외쳐 봐도 공허한 울림에 그친다. 균형을 잡으려면 자기 자신이 어떤 사람인지를 알아야 하기 때문이다.

'나는 일에서 얻는 보람이 큰 사람인가?', '관계에서 얻는 행복감이 큰 사람인가?', '어떤 일을 할 때 가장 나답게 느껴지는가?' 이에 답할 수 있는 사람은 쉽게 경쟁 체제에 휘말리지 않는다. 남을 이겨 1등이 되는 데 집중할 필요를 느끼지 않는다. 그저 하고 싶은 일을 자기답게 하면 그뿐이다. 반대로 자기 중심이 약할 때 사람은 타인의 기준에 맞춰 살려고 한다. 세상이 하라는 대로 따라가기에 급급하다. 그렇게 살다가 어느 날 문득 '왜 죽도록 일만 했을까?'라는 후회가 들어도 청춘은 이미 지나가 버리고 난 후다.

열심히 일한다는 것. 그것은 아무나 할 수 있는 일이 아니다. 자기가 누구인지를 알고, 일에서 행복을 찾을 줄 아는 자에게만 허락된 보람이자 성취다. 그러니 한때 일에 매진한 자신을 긍정적인 눈으로 바라보자. 그리고 일이란 평생에 걸쳐 수행해야 하는 활동이다. 퇴직했다고 해서 일을 아예 그만두는 것이 아니다. 만약 경쟁에 휩쓸려 일이 주는 의미와 즐거움을 놓치고 살았다면, 이제라도 주관을 세워 자신에게 걸맞은 일의 행복을 찾길 바란다.

멈춰야 할 때
멈추는 법을 알았어야 했다

언젠가부터 학술 모임을 마치고 뒤풀이에 참석하면 모임의 책임자가 내 곁에 다가와 은밀하게 묻는다.

"선생님, 피곤하시죠."

학술 모임은 대개 하루 종일 이어지기 때문에 저녁이 되면 누구나 피곤할 법하다. 하지만 사람들은 공식 석상에서 나누지 못한 이야기를 뒤풀이 자리에서 즐기기에, 나도 빠지고 싶지 않다. 나는 특별한 배려에 감사하며 좀 더 앉아 있고 싶은 마음을 전한다.

"괜찮아요. 피곤하지 않은데…."

잠시 후에 그는 나를 또 걱정해 준다.

"선생님, 피곤해 보이시는데요."

괜찮다고 우기는 나에게 이번에는 책임자 곁에 있던 다른 회원까지 나서서 거든다.

"선생님, 오늘 하루 종일 고생하셔서 피곤하실 텐데 일찍 들어가 좀 쉬셔야죠."

아차 싶다. 책임자가 두 번째로 말을 건넬 때 털고 일어서야 했는데 때를 놓쳤다. 그러니까 단호한 명령이 숨은 말까지 듣게 되는 것이다. 물론 나이 들어 체력이 약해진 노학자를 위한 따뜻한 배려임은 틀림없다. 그러면서도 대선배가 오래 앉아 있으면 자리가 경직되고 불편하다는 속내이기도 하다. 나는 혼자서 피식 웃었다. 내가 젊었을 때 교수님들에게 했던 행동이 떠올랐기 때문이다.

젊은 교수 시절, 학회가 끝나면 내가 맡은 역할은 나이 많은 교수님을 얼른 집에 보내 드리는 일이었다. 혈기 왕성한 젊은 학자들은 언제나 뒤풀이를 기다리게 마련이다. 오랜만에 만나는 동료들, 가까운 선후배들과 격의 없이 소통하고 싶은 마음에서다. 그런데 자유로운 자리에 어른이 계시면 좀 불편하다. 딱히 뭐라고 하시지 않아도 스승 앞에서 제자들은 자연히 말과 행동을 다듬고 절제해야 하니 부담스럽다. 나는 적당한 때를 노렸다가 교수님이 조금이라도 피곤한 기색을 보이시면 재빨리 말을 꺼냈다.

"선생님, 피곤하시죠?"

교수님은 정말 그런가 하고 얼굴을 한번 쓰다듬어 본다. 나는 여기에서 물러서지 않고 강공을 펼친다.

"선생님, 택시 잡아 놨는데…."

자의 반 타의 반, 교수님은 얼결에 택시를 타고 자리를 떠나곤 하셨다.

"젊은이들 앞에서 입은 닫고 지갑은 열라"는 말이 있다. 어찌 보면 야속하다. 나이 든 게 큰 잘못도 아닌데 왜 자꾸 젊은이들 눈치를 봐야 한단 말인가. 하지만 내가 했던 짓을 돌이켜보면 그들의 심정도 헤아려진다. 다만 아쉬움은 남는다. '좀 더 앉아 있어도 되는데…. 좀 끼워 주면 안 되나.' 그래도 여기서 멈춰야 한다. 이제 모임의 주역은 후배들이다. 나이 들어서까지 주연 자리를 꿰차려는 것은 노욕(老慾)에 불과하다. 노인의 미덕은 단연 절제에 있다. 어쩌면 후배들이 내가 하지 못할 절제를 앞서 도와주는 것이니 얼마나 고마운가.

절제는 연령을 떠나 누구에게나 고귀한 능력이지만, 특히 나이 들수록 배워야 하는 삶의 기술이다. 절제는 멈춰야 할 때 멈출 줄 아는 능력이다. 그러려면 자각이 있어야 한다. 내가 누구이고 어떤 상황에 있는지를 객관적으로 바라봐야 멈춰야 하는 때를 알 수 있다.

나에게는 절제를 몸소 깨우쳐 주신 고마운 스승이 한 분

계시다. 고등학교 3학년 때 담임 선생님으로, 우리 반 친구들이 졸업한 뒤에는 대학으로 자리를 옮겨 그곳에서 정년 퇴임하셨다. 졸업 후 선생님을 다시 뵙게 된 계기는 고등학교 동창회였다. 나와 동창들이 중년의 나이가 되었을 때, 선생님을 동창회에 모셔서 이야기를 나누자는 제안이 나왔다. 당시로선 보기 힘들게 개방적이고 학생들 한 명 한 명에 관심과 애정을 쏟으시던 선생님이 그리웠다.

내가 선생님을 초빙하는 임무를 맡았다. 선생님은 몇십 년 만에 찾아온 제자를 기쁘게 맞아 주셨다. 나는 선생님께 방문한 연유를 설명드리고 동창회에 나오시라고 간청했다. 그런데 선생님은 일언지하에 거절하시는 게 아닌가. 오랜만에 제자들을 보면 흥분해서 쓸데없는 이야기를 늘어놓을 게 뻔하다는 이유였다. 최근 들어 말이 많아지고 두서도 없어지고 중언부언하는 것을 스스로 느꼈다고 하셨다.

나는 물러서지 않았다. 선생님의 진취적인 사고로부터 많은 것을 배웠기에 다들 꼭 한번 뵙고 싶어 한다고 말씀드렸다. 선생님께서는 "나는 더 이상 당시의 젊은 선생이 아니며, 그런 이유라면 더더욱 나갈 수 없다"며 극구 사양하셨다. 나는 마지막으로 이렇게 말했다. "선생님, 그런 모습이 비단 선생님뿐이겠습니까. 나이 든 우리들도 마찬가지입니다." 이 말에 설득이 되셨는지 선생님은 한 가지 조건을 걸어 모임

참석을 허락하셨다. 그 조건이란 말할 내용을 짧게 적어서 낭독할 테니 양해해 달라는 것이다.

당시 중년의 나는 그렇게까지 입단속에 열을 올리는 선생님이 의아했다. 그런데 선생님이 동창회에 오셔서 글을 낭독하시자 그 이유를 대번에 이해했다. 한때 젊었던 선생과 앳된 제자들이 다시 만난 동창 모임은 매우 화기애애하게 흘러갔다. 잊혔던 기억이 새록새록 피어나니 모두 그때 그 모습으로 돌아간 듯했다. 분위기가 고조되면서 선생님이 말씀하실 차례가 되었다. 선생님은 써 온 글을 펼쳐 들고 이야기를 시작하셨다. 역시 우리가 듣고 배운 선생님의 가르침대로 하나하나 진취적인 뜻이 담겨 있었다. 그런데 몇 줄 읽어 내려가다가 그만 흥분을 하셨나 보다. 속사포처럼 이야기를 토해 내시는데, 이야기는 꼬리에 꼬리를 물고 그만 딴 길로 새 버렸다. 줄줄이 나오는 이야기들은 전혀 조리 없이 흘러갔다. 선생님이 염려하시던 바로 그 모습이었다. 나는 선생님께 말씀을 마무리해 달라고 적어서 쪽지를 드렸다. 선생님은 그 쪽지를 보시더니 말씀도 제대로 끝맺지 못하신 채 벌컥 화를 내셨다.

"그래서 내가 뭐라고 했냐. 이러니 내가 안 나오려고 했는데 네가 조르는 바람에 이렇게 된 것이다."

좌중은 웃음바다가 되었다.

선생님의 노력은 결국 수포로 돌아갔지만 그날 보여 주신 선생님의 태도는 훗날 깊은 울림으로 남았다. 사실 그 당시만 해도 '절제가 강하시던 선생님은 어디로 가 버리고 저러실까' 하는 연민이 컸다. 하지만 한 살 한 살 나이를 먹으면서, 그 정도의 자각과 절제도 여간해선 쉽지 않음을 깨달았다.

주변에 나이 들어 달라진 제 모습을 인정하고, 나빠진 부분을 관리하려고 노력하는 이가 얼마나 되는가. 자기가 할 수 있는 일과 역부족인 일을 구분할 줄 아는 이가 얼마나 되는가. 오히려 나이가 감투인 양 거침없이 말하고 행동하는 사람, 아직도 시대의 주역인 양 목소리를 크게 높이는 이가 훨씬 많다. 그에 비하면 '이곳이 내가 갈 만한 장소인가?', '이 말이 내가 해도 될 만한 이야기인가?'를 먼저 생각한 선생님은 얼마나 지혜로우신가.

다시 한번 말하지만 멈춰야 할 때 멈출 줄 아는 사람이 진정 아름답다. 한 시대의 주인공이었던 우리들은 이제 조연으로 물러나야 할 때다. '후배들이, 자식들이 잘해 낼 수 있을까?' 하는 조바심이 들더라도 '이제는 더 이상 내 일이 아니다' 생각하고 과감히 물러나야 한다. 그리고 남은 시간과 에너지로 자유롭게 인생을 즐기는 게 옳다.

마지막으로 한마디 덧붙이면 후배들이 피곤하지 않냐고 자꾸만 물으면 두말없이 자리를 뜨라. 이형기 시인이 쓴 〈낙화〉

의 첫 구절 '가야 할 때가 언제인지를 알고 가는 이의 뒷모습
은 얼마나 아름다운가'를 기억하면서.

몸의 아픔은
품격 있게 표현해야 했다

'아빠, 물 많이 드세요.'

폭염으로 온 나라가 지글지글 끓던 몇 해 전 여름 어느 날, 큰딸에게서 메일이 왔다. 연일 울려 대는 폭염 경보에도 불구하고 하루도 쉬지 않고 사무실에 나오는 우리 부부에게 보내는 '경고장'이었다. 다른 자녀들도 마찬가지였다. 매시간 전화로, 메신저로 물 많이 먹고 자주 쉬라는 메시지가 날아왔다. 이 나이에 더위를 먹으면 우리 부부가 제일 힘들겠지만 그런 부모를 돌봐야 하는 자녀들도 고생이다. 안 그래도 부지런히 물을 마시는 중이었다.

자식들의 잔소리가 늘어 가는 걸 보면 나도 영락없는 할아

버지가 된 게 분명하다. 게다가 나는 걸어다니는 '종합 병원'
이 아니던가. 당뇨, 고혈압처럼 나이 들어 생기는 흔한 만성
질환뿐 아니라 허리디스크, 통풍, 담석, 관상동맥협착을 앓고
있고, 거기에 왼쪽 눈은 전혀 보이지 않으니 자식들로서는
걱정이 앞설 수밖에 없다. 더군다나 9년 전에는 집에서 주차
장으로 내려가다가 계단 하나를 헛디뎌 구르는 바람에 머리
를 크게 다쳤다. 다행히 외상만 있을 뿐 골절이나 뇌 기능 손
상은 없어서 한 달 정도 치료를 받은 후 퇴원했다. 그 일 이후
아이들은 나에게 '금족령(禁足令)'을 내렸다. 밖에 나가지 말
라는 명령이 아니라, 산에 가지 말라는 엄명이었다.

평생 산을 오르며 지친 심신을 달랬던 나에게는 슬픈 명령
이었다. 안 그래도 체력이 떨어져 산을 잘 오르지 못하는데,
자식들까지 못 하게 막으니 더욱 슬펐다. 하지만 어쩌겠는가.
할아버지는 무릇 자녀들의 말을 잘 들어야 하는 법이다. 자
녀들이 어릴 때 부모인 내 말을 잘 들어 주었듯이 말이다. 때
론 구차하게 느껴져도 원하는 걸 얻으려면 재롱을 섞어 가며
협상도 이끌어 내야 한다. 그렇게 해서 얻어 낸 타협안이 잘
만들어 놓은 올레길과 둘레길은 가도 좋다는 허락이었다.

나는 택시를 타고 팔각정에 올라 부암동을 거쳐 구기동
의 우리 집까지 가는 길을 즐겼다. 하지만 이 즐거움도 어쩌
다 누리는 호사다. 더운 날, 추운 날, 비 오는 날, 미세먼지 심

한 날을 빼면 갈 수 있는 날도 적으려니와 체력이 점점 떨어져서 산책하는 횟수도 현저히 줄어들었다. 언젠가 이런 산책마저 그림의 떡이 되는 날이 올 것이다. 그때 느끼는 슬픔은 자녀들의 금족령으로 인한 슬픔과는 비교가 안 되리라. 그러니 조금이라도 체력이 허락하는 한 산책의 기쁨을 포기하지 말아야겠다. 그것이야말로 내가 지금 누릴 수 있는 즐거움이 아니겠는가.

나이 들어 찾아오는 여러 가지 변화 중 가장 큰 것을 꼽으라면 단연 신체의 노화다. 나이 들면 건강이 나빠질 일만 남았지 반대로 더 좋아지기 어렵다. 눈이 어두워지고 귀가 잘 안 들려 의사소통이 원활하지 않고, 체력이 저하돼 마음대로 바깥 걸음 하기가 힘들다. 기억력도 떨어져 약속도 깜빡하고, 한두 가지 병쯤은 달고 살게 된다.

여든이 넘으면 노화 속도가 한층 빨라진다. 평생 학생들을 가르쳐 온 나도 여든을 넘긴 후부터 집중력이 현저히 떨어져 강연할 때 몇 배의 노력을 기울인다. 예전 같으면 머릿속에 저장해 놓은 강의록을 불러내 줄줄 읊는 식으로 강연을 했다면, 여든이 넘은 후에는 꼭 파워포인트를 켜 놓고 강연한다. 그래야 내용을 잊어버리지 않고, 맥락에서 벗어나 딴 길로 새는 불상사를 막을 수 있다. 또 강연이 끝난 후 질문을 받을 땐 질문자 옆으로 다가가서 눈을 감고 집중해서 그의 말을 듣는다. 귀가 잘 들리지 않아서이기도 하지만, 그래야 질문의 뜻을 명확히 이해하고 정확한 답을 줄 수 있어서다. 예전 같으면 청중들의 질문을 다 듣고, 비슷한 질문을 한데 모아 체계적으로 답을 줬을 것이다. 하지만 이제 그만한 집중력과 논리력을 한 번에 응집시키는 일은 무리다. 글을 쓰는 일도 예전 같지 않다. 남아 있는 오른쪽 눈의 시력마저 나빠져서 모니터의 글자가 잘 안 보이는 데다, 그마저도 중간중간 쉬어 가며 봐야 한다. 그러니 한 장의 글을 쓰는 데 꼬박 며칠이 걸리기도 한다. 얼마 전에는 아내와 함께 병원에 들러 정기적인 진료를 받고 약을 타서 나오는데, 그 약이 한 보따리나 되었다. 그걸 본 아내가 "그 약이 다 뱃속으로 들어간다고 생각하니 무섭다"라며 기겁하기도 했다.

하지만 찾아오는 노화를 피해 갈 수 있는 사람은 아무도 없다. 아프면 의사의 말을 잘 따르고, 약을 꼬박꼬박 먹으면서 병을 다스리는 수밖에 없다. 기억력이 나빠지면 달력에 표시를 잘해 두고, 집중력이 떨어지면 첨단 기기의 도움을 받으면서 노쇠한 내 몸에 적응하여 살아가는 법을 하나씩 찾아가는 수밖에 없다. 예전처럼 마음껏 몸을 움직일 수 없다고 슬퍼하고 앉아 있을 수만은 없다는 말이다. 힘에 부치는 일이 늘어 간다는 사실은 슬프지만, 그것은 응당 받아들여야 하는 현실이기 때문이다.

나는 정신건강의학과 의사로 일하면서 오랫동안 환자들을 진료했다. 그런데 환자들은 대개 제 나이보다 훨씬 늙어 보였다. 아마 환자들이 오랫동안 고통을 감수하고 살아왔기 때문일 것이다. 그런데 그들의 외모에 영향을 끼친 게 병력만은 아닌 듯했다. 환자들은 나를 만나면 자기가 얼마나 아프고 힘든지 아느냐며 하소연을 늘어놓았다. 몸도 여기저기 아프고, 마음도 힘들고, 주위 사람들과 세상도 제 뜻대로 안 된다며 불평을 해 댔다. 환자들의 아픈 마음을 잘 듣고 객관적으로 구성하여 되돌려주는 것이 정신건강의학과 의사의 역할이기에 그들의 말에 귀를 기울였지만, 자연인으로서 나는 그때마다 한 가지를 결심했다. "몸이 아프다고, 내 마음대로 안 된다고 주저앉아 푸념하지 말자."

명실상부한 노인이 된 지금, 과거의 나를 돌이키면 환자의 호소에 공감하지 못하는 젊은 의사의 모습이 떠오른다. 그래서 가슴 한편에는 환자들에 대한 진심 어린 미안함이 강하게 남아 있다. 하지만 이 또한 어쩔 수 없는 일이다. 직접 나이가 들어 봐야 노화와 노쇠함을 이해할 수 있다. 그런 의미에서 나이가 들었다는 이유로 여기가 아프다, 저기가 아프다, 힘들다 말해 봐야 별 소용이 없다. 아직 젊은 그들은 '나이 듦'을 이해할 수 없으니까 말이다.

나이 든 자의 품격이란 무엇일까. 노화를 수용하되, 지금 현재 누릴 수 있는 일들을 찾아서 즐기는 적극적인 태도가 아닐까. "너희들은 늙어 봤냐? 나는 젊어 봤다"라는 말이 있다. 이 말이 "내가 살아 봐서 다 아는데…" 하는 식으로 자기 말이 전부 옳다는 고집을 뜻하는 것은 아닐 게다. 젊어도 봤고 늙어도 봤으니 나이 든 자의 수용력과 표현력은 한층 더 풍부해야 한다는 뜻이 아닐까. 아프다고 징징대거나 힘들다고 푸념하는 식이 아니라 좀 더 세련되고 현명한 방식으로 나이 듦을 표현할 줄 알아야 한다. 그것이 바로 품격 있는 태도일 것이다.

"아빠, 물 드셨어요?"

메일로만 전한 것이 미덥지 못했는지 딸에게 전화가 왔다. 자녀들로부터 잔소리 아닌 잔소리를 들을 때마다, 후학들로부터 헤어지는 인사로 "건강 조심하세요"라는 말을 들을 때마다 내 나이를 인정할 수밖에 없다. 그러면서도 마음 한구석에는 받아들이기 싫은 거부심도 든다. '나 아직 정정한데, 내 마음은 한창인데….' 하지만 이런 마음을 절대로 표현하지 않는다. 생각해 보면 그들의 말이 백번 옳다. 싫은 마음은 노화를 받아들이는 슬픔에서 비롯된 것이다. 그 슬픔은 받아들이되 거부감은 내려놓아야 옳을 것 같다.

'그래 맞다. 자녀들이나 후학들이 갖는 연민의 마음을 가슴으로 받아들이자. 말 잘 듣는 착한 아버지로 살자!'

그래도 어떤 날은 괜한 심통이 일어나기도 한다. 그럴 땐 '내 체력이 쇠잔해서 산행을 못 하는 것이 아니라 자녀들이 나를 걱정해서 안 가는 거다'라는 식으로 슬픔을 달래 본다. 어린아이가 할 법한 유치한 핑계지만, 그러고 나면 슬픔이 한층 가라앉는다. 그렇게 마음을 다스리고 나면 아프다고, 힘들다고 푸념할 일이 없다. 이 또한 내 나이에 적응하는 나만의 방식일지도 모르겠다.

아버지 살아 계실 때
더 많은 대화를 나눴어야 했다

아이들이 초등학교 때의 일이다. 가족 모두가 쉬는 일요일에 녹음기를 옷 속에 숨기고 하루 동안 집안에서 오가는 대화를 녹음해서 들어 본 적이 있다. 그런데 깜짝 놀랐다. 아이들의 이야기는커녕 내 말소리가 가장 많이 들렸고, 그것도 이래라저래라 지시하는 내용이 대부분이었다. 환자를 대할 때와는 딴판이었다. 집안의 대소사를 결정한답시고 가족회의를 열었을 땐 "음, 좀 더 연구해 보자"는 말로 아이들의 의견을 무시했다. 명백한 꼼수다. 이미 답을 정해 놓고 형식적으로 의견을 물으니 꼼수가 아닐 수 없다. 그런데도 늘 이런 방법이 통했기 때문에 나는 스스로 매우 민주적인 아버지라며 엄청난 착각에 빠져 살았다.

그래서일까. 아이들이 내 이야기를 귓등으로 흘려들을 때가 있다. 이해는 하지만 한편으로 서운한 마음이 드는 건 어쩔 수 없다. 나이가 들수록 부모는 말을 아낀다. 안 그래도 사는 일이 버겁고 힘들 때인데, 부모의 말이 잔소리나 또 다른 짐처럼 느껴지지 않겠느냐는 이유에서다. 그래서 하고 싶은 말이 많아도 꼭 필요하다고 여겨지는 말만 고르고 고르는 게 부모의 마음이다. 그런데 그런 말들이 메아리 없이 공허하게 떠돌면 솔직히 안타깝기도 하다.

하지만 어쩌겠는가. 돌이켜보면 나 역시 아버지가 하는 말에 별로 귀 기울이지 않았고, 제대로 아버지와 대화를 나누어 본 기억도 없다. 아버지는 6·25 전쟁이 끝나지 않은 1952년에 49세의 젊은 나이로 돌아가셨다. 전쟁 전에 국수 공장을 운영하며 꽤 넉넉하게 살았던 우리 집은 전쟁이 터지고 나서 하루아침에 폭삭 주저앉고 말았다. 그 후 우리 가족은 단칸방을 전전하며 살았는데, 아버지는 결국 남의 집 방 한 칸에서 조용히 숨을 거두셨다. 병든 아버지는 자꾸만 체중이 빠지고 기력이 쇠했지만, 의사들이 군의관으로 전부 소집되어 버린 통에 제대로 진찰 한 번 받지 못했다. 당시 고등학생이던 나는 겨우 받아 온 처방전을 가지고 2년 동안 아버지에게 직접 주사를 놓아 드렸다. 하루하루 말라 가는 아버지의 몸에 주사를 놓다가 몇 번을 울었던지. 누구보다 건강하셨는데 마지막엔 주사기에 살짝 스치기만 해도 온몸이 아프다며 괴로워하셨다. 아마 내가 의사가 된 데에는 당시 느낀 아버지에 대한 연민도 한몫하지 않았을까 싶다.

아버지는 자신이 정한 규칙과 규범을 절대로 벗어나지 않는 분이었다. 아버지가 국수 공장을 하던 시절, 생필품 공장을 몇 개 더 운영할 만큼 사업이 번창했다. 아버지는 이 사업을 대구에서 전국적으로 확대하고자 했다. 그러려면 총독부의 허가를 받아야 했다. 아버지는 복잡한 서류를 정리해 신청서를 올렸다. 하지만 번번이 퇴짜를 맞았다. 그때는 합법적인 절차나 형식보다 인맥과 힘 있는 사람의 한마디가 훨씬 더 영향력이 있던 시절이었다. 그렇지만 아버지는 자기가 그어 놓은 선을 절대로 넘으려고 하지 않았다. 그런 아버지가 답답했던지 어느 날 삼촌이 말했다. "형님, 그 서류 저 주세요." 그러더니 단 하루 만에 허가를 받아 왔다. 뭘 어떻게 했는지 모르지만, 아버지는 허가증을 받고 꽤나 얼떨떨하셨을 것이다.

반대로 어머니는 굉장한 여장부였다. 외할아버지의 반대를 무릅쓰고 고등학교에 진학했고, 간장과 된장은 공장에서 만들어야 한다는 당시로서는 혁신적인 주장을 펼쳤다. 어머니는 뭐든 뜻대로 해야 직성이 풀리는 성격이었다. 그런데 규범과 규칙이 분명한 남편과 살려니 오죽 답답했을까. 그래서인지 어머니는 내가 어릴 때부터 습관적으로 위병으로 앓아눕곤 했다. 변변한 진통제가 없던 시절이라 소량의 모르핀을 진통제로 쓰기도 했는데, 증세가 심해지면 어머니도 모르핀을 맞았다. 그런데 아버지가 돌아가시자 어머니의 병이 씻은 듯이 나았다. 모르핀으로 인한 금단 증상도 전혀 없었다. 훗날 의사가 되어 생각해 보니, 아버지로 인해 의지가 꺾일 때마다 어머니는 앓아누운 게 아니었을까 싶다.

어릴 때부터 강한 어머니 밑에서 모범생으로 자란 나는, 정해 놓은 선을 벗어나지 못하는 성격을 아버지로부터 물려받았다고 믿었다. 특히 외동아들이라 어머니의 과보호 속에서 자랐기에, 어머니가 정해 준 틀이 갑갑하게 느껴질 때마다 내심 아버지를 원망했다. 아버지를 하고 싶은 일보다 해야 하는 일만 하면서 소극적으로 살아가는 소시민에 불과하다고 폄하하기도 했다. 그런데 아버지가 돌아가시고 십수 년이 지난 뒤에야 아버지에 대해 새로운 사실을 알게 되었다. 아버지는 내 모교인 경북고등학교 선배이기도 한데, 재미 삼아 찾아본 졸업생 명단에 아버지 이름이 없었다. 이상하다 싶어 캐 보았더니, 아버지는 경북고등학교를 퇴학당한 뒤 인천의 제물포고등학교를 거쳐 목포상업고등학교를 졸업한 것으로 드러났다. 누구보다 규칙을 철석같이 지키는 양반이 퇴학을 당하다니. 교통이 매우 열악하던 당시에 목포까지 가서 졸업했다는 사실이 이해가 안 됐다. 사건은 이랬다. 아버지는 고등학생 때 3·1 독립 만세 운동에 주도적으로 참여했는데, 학교에서는 만세 운동에 연루된 학생들을 모조리 퇴학시켰고, 아버지는 어쩔 수 없이 인천의 제물포고등학교를 거쳐 목포상고에서 학업을 마치게 된 것이다.

아버지가 들끓는 저항심을 품고 있었다는 사실이 굉장히 놀라웠다. 아니, 그런 마음을 반평생 꼭꼭 숨긴 채 살아왔다는 사실이 더욱 놀라웠다. 그러고 보니 한 가지 기억이 떠올랐다. 자식들을 혼낸 적 없던 아버지가 딱 한 번 불같이 화를 낸 적이 있었다. 초등학교 1학년 아무것도 모르던 개구쟁이 시절, 엄숙한 일본식 조회 시간에 장난을 쳤다는 이유로 선생님으로부터 호되게 매를 맞고 불령선인(불온한 조선인)으로 낙인찍힌 날이었다. 아버지는 내 가방을 마당에 던져 버리고 책상 위에 있던 교과서도 모두 가져다가 불을 질렀다. 그리고 앞으로는 학교에 가지 말라며 심하게 야단쳤다. 그런 모습은 처음이라 벌을 서는 내내 다리가 후들거렸다. 고모들도 아버지가 왜 그런지 모르겠다며 당황해했다. 그 후로 아무도 그 사건을 입 밖에 내지 않았고, 나 역시 아버지가 돌아가실 때까지 그 이유를 묻지 않았다.

그것은 아마도 아버지가 느끼는 좌절감의 표출이었을 것

이다. 아버지 안에는 일제에 대한 분노, 항일운동 과정에서 맛본 일제에 대한 두려움, 저항을 포기한 채 소시민적 삶을 택한 자기 자신에 대한 좌절과 창피함이 공존했을 것이다. 그리고 하나뿐인 아들이 일본에 의해 불령선인 취급을 받자 그 모든 감정이 일순간에 폭발한 게 아닐는지.

지금도 내가 정말 후회하는 것은 아버지에게 이 모든 이야기를 직접 듣지 못했다는 점이다. 한 인간으로서 아버지가 어떤 삶을 꿈꾸었고, 어떤 좌절을 겪었으며, 그 과정에서 무엇을 깨달았는지 알았더라면 더 좋았을 텐데…. 아버지를 정해진 틀에 갇혀 사는 소시민으로 단정 짓고, 더 이상 아버지에 대해 아무것도 궁금해하지 않았던 젊은 시절의 내가 어리석고 안타깝게 느껴질 뿐이다.

우리는 부모의 영향을 엄청나게 받으면서도 부모가 왜 그런 사람이 되었는지는 정작 알지 못한다. 빙산의 일각처럼 겉으로 드러난 부모의 모습만을 바라볼 뿐, 숨겨진 빙하는 탐험하지도 못한 채 이별하고 만다. 그러나 부모의 삶을 알지 못하면 내 삶도 제대로 이해하지 못한다. 즉 내 삶을 잘 살고 싶다면 그 실마리를 부모의 삶에서부터 찾아야 한다. 한 인간으로서 부모의 숨은 사정을 이해해야 부모에게서 물려받은 내 모습도 긍정할 수 있다는 뜻이다.

부모의 인생에는 생각보다 많은 힌트가 숨어 있다. 그런데 그 힌트를 발견하는 행운은 부모를 이해하려고 노력하는 눈 밝은 자식들에게만 주어지는 것이다. 그러니 부모를 궁금해하자. 부모에 대한 편견은 한쪽에 내려놓고 그들의 인생 이야기에 조금만 귀를 기울여 보자. 이것이 아버지가 돌아가신 뒤에야 아버지에 대해 모르는 게 참 많았다는 걸 깨달은 어리석은 아들이 당신에게 주고 싶은 진심 어린 충고다.

자식에겐
좀 더 무심했어야 했다

　내 아들은 천문학자다. 아들이 별에 관심을 둔 것은 초등
학교에 입학하기 전부터다. 어린 나이에 별을 좋아하게 된
이유가 무엇인지에 대해서는 의견이 분분했다. 나는 명절 때
가 되면 어린 아들을 데리고 은사이신 교수님 댁에 인사를
드리러 가곤 했는데, 그때 교수님께선 아들을 앉혀 두고 이
런저런 질문을 많이 하셨다. 아들의 대답을 바탕으로 교수님
은 엄마 아빠가 일을 하느라 모두 집을 비우니 바라볼 게 별
밖에 없었을 것이란 진단(?)을 내리셨다. 즉 별은 아들이 느
끼는 분리불안의 상징이자 외로움을 달래 주는 친구라는 뜻
이었다. 과연 정신건강의학과 의사다운 말씀이었다.

그러나 내 생각은 달랐다. 나는 어릴 때 감나무 위에 올라가 외로운 마음을 달래곤 했다. 해방 후에 어머니는 이곳저곳으로 봉사를 다니느라 집을 비우는 날이 많았다. 그때 나는 누가 조금만 섭섭한 말을 해도 참지 못하고 잘 우는 아이였다. 어머니가 그리울 때면 나는 감나무를 타고 지붕 위에 올라가 혼자 울곤 했다. 그런 기억 때문에 등촌동에 택지를 분양받아 집을 지을 때, 아이들 방의 천장 한편을 뚫어 지붕으로 곧장 올라갈 수 있는 사다리를 만들었다. 아이들은 곧잘 기어 올라가 지붕 위에서 놀았다. 밤이 되면 총총히 뜬 별을 관찰하기에 좋았다. 나는 아들이 천문학자의 꿈을 키운 게 그때부터였을 거라고 추측했다. 아들의 꿈에 내가 일조했다는 생각에 어깨가 으쓱하기도 했다.

그런데 정작 아들이 천문학자가 되기로 결심한 것은 그보다 전이었다. 당시에는 서울 변두리였던 답십리에 살던 시절, 골목길에서 앞집 옆집 친구들과 어울려 놀다가 해가 질 무렵이 되면 하나둘씩 엄마의 호출로 친구들이 집에 끌려 들어갔다. 아들은 직장에 나간 엄마 아빠가 돌아올 때까지 혼자 남아서 주로 하늘을 올려다보았다. 그러면 제일 먼저 자기 모습을 드러내던 밝은 별 하나가 있었다. 아들은 그 별의 정체가 궁금했다. 그러나 부모도 선생도 그 별의 이름을 몰랐단다. 그런데 우연히 학생 잡지를 보다가 그 별이 금성임을 알게 됐다. 그렇게 별에 대한 관심을 키웠고 아폴로 11호가 달에 착륙하는 모습을 보고는 천문학자의 꿈을 굳혔다고 한다.

아들이 천문학자가 된 배경에는 여러 원인이 있을 테다. 그래도 본인이 꼽은 가장 큰 이유는 그저 별이 궁금해서였다. 은사님의 진단처럼 부모와의 분리불안 때문도, 별을 관찰하기에 좋은 집에 살아서도 아니었다. 그저 제 삶 속에서 별을 발견했고, 별을 궁금해했고, 별을 탐구했다. 그게 전부다.

아이를 키우다 보면 같은 사건을 아이가 전혀 다르게 기억하고 있어서 놀랄 때가 많다. 내가 아이를 위해 큰맘 먹고 한 일을 아이는 전혀 기억 못 하기도 하고, 반대로 나에겐 흔적조차 남지 않은 기억인데 아이에겐 뼈아픈 사건으로 각인되기도 한다. 그래서 부모 노릇이 어렵다. 내가 준다고 해서 아이가 받는 게 아니고, 내가 주지 않은 걸 아이가 받기도 하기 때문이다.

우리 가족이 등촌동에서 살던 시절은 내겐 그다지 좋지 않은 기억으로 남아 있다. 당시 등촌동은 인구 폭발에 따른 주거 문제 해소 차원에서 택지를 개발하여 분양하던 곳이었다. 당연히 기반 시설이 매우 취약했다. 아이들은 큰길을 건너 버스를 타거나 산등성이를 넘어 학교에 가야 했다. 길은 아스팔트가 깔리지 않아서 비만 오면 진흙 바닥이 되었다.

그때 연세대 세브란스 병원에 출근하던 나는 깨끗한 병원이 내 신발로 인해 온통 흙투성이가 되는 게 무척 마음이 쓰였다. 그래서 출근하면 곧장 화장실로 들어가 신발을 닦곤 했다. 게다가 우리 집을 짓던 건설사가 부도난 바람에 우리 집은 대문도 없이 미완성인 상태였다. 안락한 공간에서 아이들을 안전하게 키우지 못해 늘 미안했고 걱정스러웠다.

그러나 아이들의 이야기를 들어 보면 등촌동 시절이 유년 시절의 꽃으로 남아 있다. 아이들은 학교 가는 길의 야산에서 꿩도 보고 뱀도 만났다. 다람쥐와 이름 모를 새들과도 친구가 되었다. 집이 지어지지 않은 공터에는 동네 아이들이 떼로 모여 저녁이 될 때까지 뛰놀았다. 대문이 없으니 내 집 네 집 할 것 없이 모두 한 가족처럼 지냈다. 나에겐 불편하고 위험하던 동네가 아이들에겐 자연이 어우러진 탁 트인 놀이터였다.

아이를 잘 키운다는 것은 무슨 뜻일까. 아이에게 좋다는 것은 전부 해 주고 싶은 게 부모 마음이다. 그러나 아이가 그것을 온전히 받는다는 보장이 없다. 아이는 아이대로 필요한 것을 흡수하며 자기 세계를 구축해 나갈 것이다. 그렇다면 아이를 위해 무언가를 해 준다는 게 과연 옳은가. 지금까지의 경험에 비추어 보자면, 부모가 자기 인생을 열심히 살아가면 자식은 부모의 인생에서 자기에게 필요한 양분을 섭취

한다. 즉 좋은 부모가 되려고 너무 애쓰지 않아도, 그저 양육자로서 아이에게 해서는 안 될 일만 피해도, 그리고 남은 에너지로 자기 인생을 사는 데 열중해도, 부모로서 역할을 괜찮게 해낼 수 있다는 뜻이다.

내가 연세대에서 이화여대로 자리를 옮겼을 때 동대문 병원에는 외래만 있고 병동이 없었다. 처음으로 내 주도하에 스무 명이 입원 가능한 병동을 열었는데, 나는 이곳에 아이들을 자주 데려왔다. 친척들은 정신 질환자들이 입원한 병원에 아이들을 데리고 가는 아버지가 어디 있느냐며 나를 나무랐다. 하지만 아버지의 일터를 아이에게 보여 주는 게 왜 잘못이란 말인가. 나는 내 일이 이상하다고 생각하지도 않았고 마음이 아픈 사람을 위험한 병자 취급하는 게 옳다고 생각하지도 않았다. 그래서 자연스레 아이들을 데리고 출근했고, 환자들과 직원들은 아이들을 무척 귀여워해 주었다.

아이들은 크리스마스나 명절이 되면, 연극이나 합창을 연습해서 병원 식구들 앞에 선보였다. 누가 시킨 일이 아니었다. 그저 자기들끼리 해 보고 싶은 것을 쿵짝쿵짝 만드는 게 참 신기하고 기특했다. 기발한 상상이 엿보이기도 했고, 때론 어른들의 행동을 반성하게 만드는 부분도 있었다. 또 봄, 가을에 한 번씩 환자와 보호자가 함께 야외 나들이를 가면 아이들은 주요 게스트로 참여했다. 아이들과 함께하는 시간이 환자들에겐 세상과의 접점이 되었기에 치료 면에서도 좋은 영향을 끼쳤다. 또 귀여움을 듬뿍 받으며 무엇이든 기획하고 실행해 본 경험은 아이들에게도 긍정적인 기억으로 남았다.

나는 동대문 병원에서 극작가 오영진 선생과 이강백 선생, 연출가 김상렬 선생의 도움을 받아 사이코드라마를 치료법으로 도입했다. 그런데 이때 맺은 문화 예술가들과의 교류가 큰아들의 인생에 지대한 영향을 미쳤다. 큰아들은 오영진 선생을 할아버지라고 부르며 따랐고, 오영진 선생은 별에 얽힌 신비한 이야기를 들려주었다. 이강백 선생은 무대에 오르지도 않은 희곡 초고를 아들에게 보여 주었고, 아들이 쓴 초보적인 소설에 감탄하며 감상평을 해 주기도 했다. 지금도 아들은 책과 연극을 좋아하고 틈만 나면 미술관에 드나드는데, 그런 취미의 바탕엔 병원에서 맺어진 예술가들과의 만남이 있었다.

내가 교육의 일환으로 아이들을 병원에 데리고 다닌 건 아니었다. 잘한 일이라고 꼽아 봐야 고작 내 일상을 숨기지 않고 아이들에게 보여 준 것뿐이다. 그것도 작정했다기보다 아이들과 함께할 시간을 따로 쪼개기가 어려워서인 경우가 대부분이었다. 그랬는데 아이들은 새로운 환경에서 제게 필요한 것들을 알아서 흡수했다. 내가 잘 키운 것이 아니라 아이들이 잘 자라 주었다. 아이 키우기의 신비로움이란 이런 게 아닐는지.

아이를 잘 기르는 방법은 생각보다 단순하다. 아이와 좋은 관계를 맺으면 된다. 아이와 관계를 맺는 방법은 여타 인간 관계와 다르지 않다. 그저 나라는 사람을 솔직하게 드러내는 것. 좋은 부모라는 상에 억눌리기보다 그저 온전한 인간이 되려고 노력할 것. 그러면 아이들은 자기 부모의 명암을 있는 그대로 받아들이고, 거기에서 자기 삶을 알아서 꽃 피운다. 그래서 좋은 부모와 나쁜 부모가 따로 없다. 그저 부모만 있을 뿐이다.

지난 삶을 후회하느라
시간을 낭비하지 말았어야 했다

며칠 전 친구 하나가 찾아와 한바탕 하소연을 늘어놓았다. 지금껏 한 번도 마음대로 살아 보지 못했다는 것이다. 선택의 기로에 섰을 때 의지를 세워서 하고 싶은 것을 선택했더라면 지금보다 훨씬 행복한 삶을 살 수 있었는데, 겁이 나서 변화를 선택하지 못했고 튀면 안 된다고 생각해 남들과 똑같은 일상을 반복했다는 후회였다. 이 친구만이 아니다. "내 마음대로 하고 살 것을…"은 주변에서 가장 많이 듣는 후회다. 오죽하면 호스피스 병동에서 일했던 의사인 친구가 통계를 내 보았더니 환자들이 가장 많이 하는 후회 1위가 '하고 싶은 일을 하고 살았더라면…'이었을까.

언제나 만족하는 일보다는 후회스러운 일이 더 오래도록 기억에 남는다. 또 어떻게 살아왔든 '그때 그랬더라면 더 좋았을 텐데' 하는 후회와 아쉬움은 피할 수 없다. 그런데 후회의 감정이 든다고 해서 잘못 살아왔다고 할 수 있을까? 한 번도 뜻대로 살아 보지 못했으니 지나온 삶이 전부 껍데기에 불과하다고 느끼는 내 친구의 판단이 옳은 걸까?

사람마다 타고나는 기질이 있다. 심지어 갓 태어난 아기들도 기질이 모두 다르다. 엄마 배 속에서 나오자마자 간호사는 입속 이물질을 제거하고 기도를 확보하기 위한 기구를 아이의 입에 집어넣는데, 그때 어떤 아이는 감각이 예민해서 세상이 떠나가라 울어 젖히지만 어떤 아이는 살짝 찌푸리는 것으로 끝이다. 그만큼 기질은 천성적인 것이다.

사람은 당연히 타고난 기질대로 살고 싶어 한다. 예민한 사람은 자극이 적은 환경에서 살고 싶어 하고, 에너지가 넘치는 사람은 가진 에너지를 모두 발산할 수 있는 역동적인 환경에서 살고 싶어 한다. 하지만 환경은 우리의 선택 사항이 아니다. 우리는 부모를 선택할 수 없고 인종과 나라도 선택할 수 없다. 환경은 주어지는 것이며 살아남기 위해 적응해야 하는 대상이다. 그 과정에서 인격과 자아가 형성된다. 어떤 때는 환경에 맞춰 기질을 누르기도 하고, 어떤 때는 능동적으로 환경을 바꾸어 가면서 '나'라고 부르는 총체적인 자아가 만들어진다. 즉 '나'라는 인간은 생존을 위해 환경에 적응해 온 노력의 결과이며, 인생은 기질과 환경 사이에서 매 순간 이루어진 선택의 합이라고도 할 수 있다.

그런 의미에서 후회해도 내 인생, 만족해도 내 인생이다. 과거의 삶이 무엇이든 간에, 나 말고 또 누가 그런 길을 걸어 갔겠는가. 내 인생은 내가 만든 독창적인 예술품이다. 세상에 딱 하나뿐인 삶이다. 그러니 습관적인 비교와 가지 못한 길에 대한 아쉬움으로 자기 인생의 격을 떨어뜨리지 말아야 한다. 이제는 온전히 자기 삶을 인정하고, 받아들이고, 그에 자부심을 느껴야 할 때다. 부처님은 태어나실 때 룸비니 동산에서 '천상천하 유아독존(天上天下唯我獨尊)'이라 하셨다. '나'는 온 세상을 통틀어도 단 하나뿐인 유일무이한 존재라는 뜻이다. 후회가 깊어질 때마다 새겨야 하는 말이다.

내 친구는 튀는 게 무서워 자기를 억누르고 남들처럼 살았다고 후회했다. 그런데 생각해 보라. 남들처럼 살기가 어디 쉬운 일인가. 우리 세대는 일제 강점기와 해방, 6·25 전쟁과 분단이라는 현대사의 굴곡을 몸소 겪었다. 지독한 가난과 전쟁 속에서 그야말로 생존이 최우선 과제였다. 당장 다음 끼니를 걱정해야 했고, 가족을 먹여 살리려면 이 일 저 일을 가리지 않아야 했다. 가족들을 위해 제 한 몸 희생하는 게 당연했고, 그럴 수밖에 없던 시절이었다. 그런 시절을 거쳐 지금

몸 건강히 살아 있고, 아이들 모두 제 앞가림을 하고 있다면 그보다 성공한 삶이 어디 있겠는가. 맨몸으로 일구어 낸 생의 결실들을 바라보면서 그동안의 노고를 칭찬해 주어야 마땅하지 않겠는가.

그럼에도 후회의 감정이 든다면, 그것은 가 보지 못한 길에 미련이 크게 남았다는 뜻이다. 사람은 해 본 일보다는 해 보지 못한 일을 더 크게 느끼는 법이다. 그렇다면 이제라도 시도하면 된다. 지금까지 환경에 자신을 맞추는 쪽으로 살았다면, 이제부터 하고 싶은 일을 중심으로 살아 보면 된다. 나이 들수록 좋은 것이 자유로움 아니던가. 아이들도 적당히 자랐고 경제적인 문제도 화급하지 않다면 책임과 의무에서 벗어나 마음의 소리에 귀를 기울여 보라. 바꿀 수 없는 과거를 바라보며 부질없는 후회를 거듭하느니 이제라도 조금씩 변화를 시도하는 편이 훨씬 생산적이고 발전적이다.

예전에는 화려한 정치가였지만 이제는 영락한 두 노인이 공원 벤치에 앉아 자신들의 신세를 한탄하고 있었다. 먼저 한 노인이 말했다. "나는 누가 충고를 해도 귀를 기울이지 않아서 이 꼴이 되었다우!" 그러자 상대편 노인이 응수했다. "제기랄, 나는 남의 말만 들어서 이 꼴이 되었지 뭐유!"

이렇게 살아도 후회가 남고, 저렇게 살아도 후회가 남게 마련이다. 설령 남들이 보기에 성공적인 인생을 살았고 본인도 대체로 만족스러운 삶을 살았어도, 다른 사람의 특별한 삶이 부러울 때가 있다. 그러나 지나친 후회는 별로 득 될 게 없다. 후회감은 '조금 더 잘할 수 있었는데 아쉽다' 정도로 갈무리하고, 지난 삶을 긍정하고 받아들여야 한다. 어쨌든 누구나 나름대로 최선을 다해서 살아온 결과물이 그의 인생일 테니까 말이다.

'지금까지 나는 무엇을 위해 살았나.' '내 삶의 진정한 주인은 누구였나.' 이런 생각을 한 번도 안 해 본 사람이 있을까. 그러나 누가 뭐라고 하든 어떤 삶을 살았든, 인생의 주인은 바로 당신이다. 당신이 살아온 궤적에 만족하든 만족하지 못하든, 결국은 본인이 선택한 한 발짝 한 발짝이 쌓여 지금에 이르렀다. 그 사실은 절대로 부정할 수 없다. 그리고 내 인생이 결국 내 선택이었다는 진실을 받아들여야 후회는 아쉬움으로 가벼워지고, 내일을 향한 에너지로 전환될 수 있다. 한 번에 두 가지 인생을 사는 사람은 없다. 그리고 당신이 걸어온 그 인생, 결코 나쁘지 않았다. 부디 자부심을 가지라.

어쨌든 하루하루
재미있게 살았어야 했다

2014년 정월 초하루, 드디어 여든 살이 되었다. 축 처진 눈꺼풀과 성성한 백발, 약간의 난청과 침침해진 시야, 느린 걸음에 구부정한 어깨까지. 이제 누가 봐도 확실한 할아버지다. 연구실로 가는 길에 있는 육교를 천천히 오르는데, 지나가던 중년의 한 남자가 "어르신, 정정하십니다" 하고 인사를 건넸다. 나는 말없이 웃어 보였다. 저 남자는 지금 인생의 어떤 계절을 지나고 있을까. 쏟아지는 책임과 의무가 버겁게 느껴지면서도 한편으론 이만큼 해내는 자신이 자랑스러운 시기. 계절로 따지면 작렬하는 태양과 거친 폭풍이 지나간 뒤 열매가 익어 가기 시작하는 초가을이 아닐까.

이제 나는 뜨거운 여름과 풍성한 가을을 지나 고요한 겨울에 이르렀다. 한때 이룬 성취와 업적은 과거의 것으로 돌려보내고 분노와 노여움마저 자연스럽게 받아들이게 된 지금, 나는 비로소 평화롭고 자유롭다. 그래서 여든이야말로 노년기의 정점이 아닐까 싶다. 서양 속담에 노인을 일컬어 '앙금 없는 포도주'라고 하는데, 이 나이를 먹고 보니 그 말의 참뜻이 새겨진다.

여든에서야 누리게 된 이 기쁨을 어떻게 나누고 기념할 것인가. 나는 팔순을 앞두고 생각이 많아졌다. 지금까지 함께해 준 소중한 사람들에게 감사를 표하고, 죽을 때까지 간직할 재미있는 추억을 만드는 계기로 팔순 잔치를 기획하고 싶었다.

"올 한 해는 1년 내내 내 생일이다."

팔순 잔치를 어떻게 치르고 싶냐는 가족들의 물음에 나는 이렇게 답했다. 생일 하루만 챙기기에는 80년이라는 세월이 아까웠다. 또 여든이라고 친척과 지인을 전부 불러 놓고는 비싼 밥 한 끼 먹으며 제대로 이야기도 못 나누는 잔치라면, 재미도 의미도 없을 것 같았다. 차라리 나는 팔순을 핑계로 1년 내내 소중한 사람들과 각각 약속을 잡아 맛있는 식사를 하면서 지난날을 추억하고 감사하고 싶었다.

그러나 팔순 생일이니 대뜸 만나자고 하면 상대방이 상당히 부담스러워할 터였다. 나는 팔순이란 말은 쏙 빼고 자연스럽게 한번 만나자고 약속을 정했다. 그렇게 만나서 밥을 먹고 담소를 나누고 헤어질 때가 되어서야 "사실은 오늘이 내 팔순 생일이야"라고 말했다.

그러면 사람들은 두 가지 반응을 보였다. 첫째는 진작 그런 줄 알았다면 더 좋은 음식을 근사한 곳에 가서 대접할 걸 그랬다며 미안하다는 반응이다. 하지만 이만한 점심도 내 생일을 위한 것이라면 과분하다. 둘째는 1년 내내 팔순 잔치를 치르는 게 신선하고 좋은 아이디어라는 반응이다. 자식들은 부모를 섭섭하지 않게 하려고 큰돈 들여서 잔치를 치러 주지만, 정작 잔칫날엔 분주하고 정신이 없어 그 의미를 새기기가 쉽지 않다. 그러면서 앞으로 다가올 팔순 잔치를 어떻게 치를지 나름대로 고민해 보겠다며 돌아갔다.

살면서 잔치의 주인공이 되는 경우가 얼마나 있을까. 돌잔치, 결혼, 환갑, 칠순, 팔순… 다 합쳐도 열 번을 안 넘는다. 소중한 사람들이 한목소리로 나를 축하해 주는 얼마 안 되는 기회인데 우리는 형식에 얽매이느라 축하하는 기쁨도, 축하받는 기쁨도 쉽사리 놓쳐 버린다. 겉으로는 번드르르하지만 안을 들여다보면 서로 우왕좌왕하느라 그날 하루가 홀라당 사라져 버린다. 그런 잔치가 뷔페 집 사장님 말고 누구에게 의미가 있을까.

졸작《나는 죽을 때까지 재미있게 살고 싶다》를 읽은 사람들이 나에게 가장 많이 하는 질문이 있다. "어떻게 그렇게 재미있게 사셨습니까?" 그럼 나는 "내가 언제 재미있게 살았다고 했습니까? 재미있게 살고 싶다고 했지요"라고 대답한다. 인생에는 즐겁고 기쁜 날, 슬프고 서러운 날보다 비슷비슷하게 흘러가는 날이 훨씬 많다. 그런데 반복되는 하루를 지겨워하면 재미없는 인생을 살지만, 하루하루 작더라도 즐길 거리를 많이 찾아내고 만들어 가면 재미있는 인생을 살수 있다. 나는 일상에서 재밋거리를 다양하게, 많이 만들려고 노력해 왔다. 그리고 그런 재미를 만들기에 가장 좋은 기회가 바로 기념일이다. 사람들이 나를 위해 축하해 줄 준비가 되어 있다는데, 내 식대로 즐겁게 자리를 마련해서 축하를 받으면 얼마나 재미있겠는가.

한번은 가족아카데미아 회원인 동양화가 한 분이 자신의 환갑을 기념해 제주도에서 전시회를 열었다. 축하해 주려고 전시회에 가서 그림을 보고 있는데, 그림 속에 낯익은 얼굴이 있었다. 차근차근 살펴보니 내 웃는 얼굴이었다. 옆에서 지켜보던 화가는 웃으며 말했다.

"60년을 살면서 기억에 남는 60분의 얼굴을 그려 봤어요. 그림을 그리면서 참 행복했습니다. 이 그림은 선생님과 보육원 봉사를 할 때 찍은 스냅 사진을 참고해서 그렸어요."

축하하러 간 내가 되레 그림 선물을 받으며 얼마나 가슴이 따뜻해졌는지 모른다. 자신의 환갑을 다른 사람에게 감사를 표하는 계기로 삼다니, 늘 부드럽고 온화한 성품으로 주변 사람들을 밝혀 주던 그다운 잔치였다.

특별한 일, 재미있는 일 하나 없다고 지루하게 살지 말라. 찾아서 누리려고 하면 즐거운 일은 늘 우리 곁에 있다. 대접 받으려는 수동성이야말로 세상과 불화하는 가장 큰 요인이다. 인생의 재미는 적극적으로 나서서 스스로 만들어 가야 한다. 그런 태도가 결국은 인생을 정말로 재미있게 만든다.

2014년 12월 30일이 진짜 내 팔순 생일이었다. 우리 가족 열세 명이 모여 조촐한 생일 파티를 열었다. 자식들은 수산 시장에서 내가 좋아하는 회를 사다가 상을 차려 주었다. 매운탕도 맛있게 먹었다. 금일봉도 받았다. 지난 80년 세월에 대해 짧게 회고도 했다. 참 오붓하고 만족스러운, 더 이상 좋을 수 없는 팔순 잔치였다.

2장

어차피 백 년을 살아야 한다면

-인생을 대하는 태도

우리가 세상에 남길 수 있는 진정한 흔적은
사랑하고 아끼는 사람들의 가슴에 남기는 좋은 기억뿐이다.
내가 죽은 후에 누군가 나로 인해 사는 게
조금은 행복했었다고 말해 준다면, 그보다 값진 인생이 또 있겠는가.

Better
together ♡

어차피
백 년을 살아야 한다면

나이 듦에 대하여

100세 시대가 도래했다. 제2차 베이비붐 세대인 1968년에서 1974년에 태어난 이들은 평균 수명이 100세에 도달할 것으로 예상된다. 1970년대 한국인의 기대 수명은 62세였다. 세상이 달라지는 속도는 이처럼 상상을 초월한다.

내가 처음 '100세 인생 주기'를 접한 것은 1982년 네팔에서였다. 네팔 사람들은 오래전부터 수명을 100세로 설정하고, 이를 정확히 네 구간으로 구분했다. 1~25세까지는 세상에 태어나 부모에게 배우고 사회에서 학습하는 시기, 26~50세까지는 익힌 것을 바탕으로 실행해 보는 시기, 51~75세까지는 지난 인생을 되돌아보면서 참회하는 시기, 76~100세까지는 모든 것으로부터 자유로운 시기가 그것이다. 당시에는 100세 개념을 어디에서도 언급하지 않았기에 그런 사고 방식이 퍽 생소했다. 동시에 정신분석학자 에릭 에릭슨이 주창한 성격 발달의 8단계와도 닮아 있어 매우 놀라웠다. 과학적 사고와 종교적 통찰이 이렇게 통할 수도 있구나 싶었다.

하지만 그때까지만 해도 '100세'를 평균수명의 다른 표현으로만 받아들였을 뿐이다. 하지만 이제 100세는 현실로 다가왔다. 2009년 유엔은 호모 헌드레드, 즉 100세 시대의 도래를 공식화했다. 그리고 2015년 '100세 시대 생애 주기별 연령'을 다음과 같이 발표했다. 1~17세까지 미성년, 17~65세까지 청년, 65~79세까지 중년, 79~99세까지 노년, 100세 이상은 장수 노인이다. 마흔 살부터 중년에 접어들고, 60세부터는 노년기라는 기존의 생애 구분보다는 훨씬 현실에 적합하다. 내 경험을 대입해 봐도 그렇다. 열여덟 살에 아버지가 돌아가신 후 호주를 승계하고, 가세가 기울어 그때부터 경제 활동을 시작해 65세에 정년 퇴임할 때까지 열심히 일했으니, 청년기라고 말하는 것에 무리가 없다. 또 65세부터 79세까지 중년이라고 표현한 것도 아주 적절하다. 나는 이 시기에 들어서 비로소 자유롭게, 하고 싶은 일을 원 없이 하면서 재미있게 살았기 때문이다.

나는 정년을 맞기 전부터 정년 이후의 삶을 고민했다. 그런 계기를 마련해 준 이는 이화여대 김흥호 교수였다. 그는 퇴임하는 자리에서 "지금 나는 영국으로 공부하러 출발하는 신입생입니다"라는 고별사를 던졌다. 이 말이 마음에 꽂혔다. '퇴임이 끝이 아닌 출발이 될 수도 있구나.' 나는 정년 퇴임을 '마무리'가 아닌 '출발선'의 의미로 받아들이기로 했다.

퇴임 전까지의 인생은 수많은 변수로 가득한 고차 방정식을 푸는 일과 비슷했다. 아버지, 학자, 의사, 남편, 교직원, 아들… 각각의 역할들은 각각의 책임감을 부여했고, 상충하고 갈등하는 욕구를 조화롭게 이끌어 가야 하는 게 최우선 과제였다. 그러다 보니 자주 하고 싶은 일보다는 해야 하는 일을 우선으로 삼았다. 하지만 아이들은 이제 다 자랐고, 정년을 넘기면 학교에서도 물러나게 될 것이다. 그렇다면 65세 이후의 삶은 온전히 내 손에 있다고 봐도 무방했다. 다른 사람의 눈치를 덜 봐도 괜찮았다.

그렇다면 내가 정말 하고 싶은 일이 무엇일까. 곰곰 생각한 끝에, 그동안 쌓아 온 경험과 지혜를 되도록 많은 사람을 위해 썼으면 좋겠다는 생각에 이르렀다. 그래서 내가 벌인 첫 번째 일이 병원 개원이었다. 미술치료, 명상을 접목한 분석치료 등 그동안 의사로 일하면서 실험적으로 해 본 치료법을 적극적으로 도입했다. 내 병원이 아니었다면 쉽지 않을 시도였다. 두 번째로 벌인 일은 사단 법인 가족아카데미아의 설립이었다. 마음이 아픈 환자들의 문제를 쫓아가다 보면 그 끝에 병든 가족이 자리한 경우가 많았다. 그리고 아내 역시 사회학자로 가족 문제를 오래 연구해 왔기에, 우리 부부는 바람직한 가족의 역할을 제시하는 데 힘을 보태자고 의견을 모았다. 그렇게 설립된 가족아카데미아는 가족에 관한 연구 프로젝트, 상담 교육, 노인 교육, 부모 교육 등을 진행하면서 탄탄한 연구소로 성장했다.

그 외에도 정년 이후의 일상을 풍요롭게 해 준, 오로지 재미를 위해 내가 벌인 일이 하나 더 있다. 바로 고려사이버대학교에서 한 4년간의 공부다. 의사로 일하는 동안 나는 문화를 체계적으로 공부하고 싶은 마음이 늘 굴뚝같았다. 환자를 제대로 이해하려면 개인적인 차원에서 원인을 찾는 데 그쳐선 안 되었다. 그가 속한 문화, 환경, 사회에 대한 세심한 분석이 필요했다. 또 네팔을 오랫동안 드나들며 네팔 사람들이 가진 정신적, 문화적 힘에 강하게 매료되어 있었다. 나는 문화의 힘, 그 정체가 궁금했다. 그러다 퇴임 후 우연히 사이버대학교 모집 공고문을 발견하고는 당장 입학 신청을 했다. 늘 갈증으로 남아 있던 문화 공부를 제대로 해 봐야겠다 싶었다.

그런데 일흔 넘어 시작한 문화학 공부가 어찌나 재미있던지, 내가 평생 해 온 공부 중에 단연 으뜸이었다. 성적에 대한 부담감도, 시험에 대한 촉박함도 없이 오로지 내 호기심을 따라서 공부하니, 이만큼 즐거운 일이 또 없었다. 그래서인지 나는 2011년에 사이버대학교 최고령 졸업생이자 문화학과 최우수 졸업생이 되었다. 학창 시절에는 어림도 없던 수석을 76세에 이르러서야 차지하다니, 인생은 언제나 조금씩 어긋나는 모양이다.

개원, 가족아카데미아의 설립, 사이버대학교 공부… 이런 이야기가 어쩌면 "나는 이렇게 훌륭하게 살았다"는 노인의 자기 자랑으로 들릴지 모르겠다. 그런데 내가 정말 하고 싶은 이야기는 이 모든 일이 무려 20년 동안에 천천히 이루어졌다는 것이다. 흔히들 정년 이후를 여생이라고 부른다. 남은 인생, 자투리쯤으로 보는 시각이다. 하지만 자투리로 보기에 그 시간이 너무 길다. 20년이면 한 사람이 태어나 성인으로 자라는 기간이다. 무슨 일이든 새롭게 시작해서 궤도에 올려 놓기에 충분하다. 그저 남은 시간을 어떻게든 때워 보자는 심정으로, 하던 것만 하면서 살기엔 그 시간이 너무 길고 지루하게 흘러간다.

어떤 사람들은 정년 이후를 '쓸모없는 인생'으로 여기기도 한다. 일도 못 하고 건강도 돌보지 못한 채 가족과 사회에 폐만 끼치는 존재로 전락할지도 모른다는 두려움 속에서 노후를 맞는다. 그들은 어떻게든 자신의 '쓸모'를 증명해 보이

려고 애쓴다. 그러나 나이 든 자신을 잠재적 문제 덩어리로
보는 시각을 교정하지 않는 한, 아무리 돈을 벌고 봉사를 해
도 불안하기만 할 뿐 행복할 수는 없다.

　하버드 대학교 심리학과 교수 엘렌 랭어는 만족스러운 삶
을 위해 절대 포기하지 말아야 할 것은 자기 삶에 대한 선택
권, 즉 자기 통제권이라고 말했다. 나이 들어서 가장 좋은 점
이 무엇인가. 바로 내 인생이 온전히 내 손에 있는 자유로움
이다. 책임이라는 무거운 울타리에 갇히지 않고, 청년기의 경
험을 긍정적으로 활용해서 진짜 하고 싶은 일을 재미있게 꾸
려 갈 수 있는 시기가 바로 정년 이후다. 지금까지 누구 못지
않게 열심히 살았는데, 이제 겨우 손에 넣은 자유로운 시간
을 남의 눈치나 보며 낭비한다면 얼마나 아까운가.

　나는 "인생의 황금기는 바로 지금"이라는 말을 자주 해 왔
다. 아기의 한 살과 노인의 한 살이 얼마나 다를까. 20대의
하루와 80대의 하루가 얼마나 다르겠는가. 인간은 나이와 상
관없이 누구나 다시 오지 않을 유일한 시간을 보내고 있다.
나이가 몇이든 사는 동안에는 진취적인 사고를 지속해야 하
는 이유다.

　남은 인생, 쓸모없는 시간으로 여기면 인생이 정말로 쓸모
없어진다. 반대로 '내 인생의 주인은 바로 나'라는 심정으로
하루를 보내고자 하면 내가 정말 하고 싶은 일, 나를 재미있

게 만드는 일이 떠오른다. 76세에 처음 그림을 그리기 시작해 101세에 세상을 떠나기까지 1,600여 점의 그림을 남긴 미국의 화가 애나 메리 로버트슨 모지스는 이런 말을 남겼다고 한다. "인생은 우리 스스로 만드는 것이다. 이전에도 그랬고 앞으로도 늘 그럴 것이다."

아흔이 되어서야
깨달은 인간관계의 비밀

사람에 대하여

'타인은 지옥이다.'

철학자 장 폴 사르트르의 유명한 문장이다. 사람과 더불어 살아갈 수밖에 없는 인간은 필연적으로 다른 사람을 신경 쓰고 그의 눈치를 본다. 홀로 살아갈 수 없는데 다른 사람의 속은 명쾌하게 알 도리가 없으니, 마음이 늘 불편하고 찜찜하다. 또 자기 자신에 대한 평가도 타인의 눈을 통해 이루어진다. 그렇게 우리는 자유를 잃는다. 타인의 시선이라는 감옥에 갇히고 마는 것이다.

'타인은 지옥'을 우리 식으로 표현하면 '인맥과 평판'이 아닐까. 내가 젊었을 때는 인간관계가 매우 중요했다. 선택에 필요한 중요한 정보들은 사람과 사람을 통해 이어졌다. 좋은 취직 자리, 알짜배기 투자 정보, 학군지 정보 같은 것이 사람들의 입을 통해 은밀히 알음알음 전해졌다. 그러니 인맥이 중요할 수밖에. 얼마나 많은 사람을 두루두루 알고 있느냐에 따라 접하는 정보의 양이 달라지고 선택의 폭이 넓어졌다. 인맥이 넓다는 것은 칭찬 중에서도 으뜸 칭찬이었다.

인맥이 중요한 시대였기에 덩달아 평판도 중요해졌다. 믿을 만하고 도움이 될 만한 사람이라고 소문이 나야 주변에 사람이 붙었다. 누군가가 내리는 평가 한 마디, 한 마디가 인간관계에 영향을 미쳤다. 그래서 누가 무엇을 부탁하든 거절하기가 힘들었다. 직장 상사의 명령에 복종하고, 친구가 부르면 피곤해도 나갔다. 이것이 우리 세대 사람들의 보통 모습이었다. 그들에게 '나'는 없었다. '우리'라는 무리 속에 끼인 내가 있을 뿐이었다.

하지만 요즘은 어떤가. 정보는 더 이상 사람과 사람 사이에서만 흐르지 않는다. 스마트폰을 타고 빠르고 평등하게 흘러든다. 그러다 보니 자기 자신을 누르면서까지 특정 무리에 끼어 있을 필요도 없다. 인맥이 없어도 먹고 사는 데 크게 지장이 없다. 그러므로 욕구에 따라 자발적으로 관계를 맺어도 괜찮다. 나는 그 점이 참 부러웠다. 억지로 맺고 힘들게 유지하는 관계가 아니라, 호의를 바탕으로 맺은 관계가 대세가 된다니, 희망적인 변화라고 생각했다.

그럼에도 불구하고 관계 맺기는 여전히 녹록지 않은가 보다. 강연이나 인터뷰에서 나에게 묻는 단골 질문 가운데 하나가 바로 인간관계 문제다. 특히 억지로라도 모든 사람과 잘 지내야 하는지, 무례하게 상처를 주는 사람과는 어떻게 지내야 하는지 같은 질문을 많이 한다. 그러면 나는 반대로 의아해진다. 꼭 모두와 두루두루 잘 지낼 필요가 없는 세상에 살면서도 왜 이런 걱정을 하는 걸까? 혼자 지내도 충분히 잘 살 수 있는 세상인데, 왜 인간관계는 여전히 사람들을 아프게 만드는 걸까?

그러나 잘 생각해 보면, 사람과 더불어 살아갈 수밖에 없는 인간이 관계에서 갈등을 겪는 것은 당연하다. 혼자 자유롭고 싶은 욕구와 함께 행복해지고 싶은 욕구, 이 두 가지는 시대를 막론하고 인간이라면 동시에 가지는 상반된 욕구다. 그러므로 이 둘 사이에서 건강하게 균형을 잡는 방법을 아는 것이 중요하다. 여기서는 그 균형 잡기에 도움이 될 만한 이야기를 해 보려고 한다.

첫째, 사람에게 너무 많은 것을 기대하지 마라.

좋아하는 사람끼리 서로에게 같은 기대치를 갖고 있으면 싸울 일이 없을 것이다. 그러나 이런 일은 불가능하다. 우리는 모두 엄연히 다른 사람이기 때문이다. 우리는 각자 다르게 느끼고 다르게 행동한다. 그게 자연스러운 일이다.

군이 말하지 않아도 그가 내 마음을 다 알 거라는 환상적인 기대야말로 갈등의 주범이다. 매일 붙어 있는 사이여도 말하지 않으면 모르는 게 많다. 또 내가 원한다고 해서 상대가 그 일을 해 줄 의무는 없다. 각자에겐 자유 의지가 있다. 그 의지를 틀어막으려고 하는 사람 곁에 머물고 싶은 이는 아무도 없다.

서로가 지키고 싶어 하는 자유의 영역. 그것을 존중하지 않으면 관계는 어긋난다. 언젠가 큰아들은 내가 죽으면 제사는 끝이라고 선언했다. 그 말을 듣고 나는 "알았다" 하고 한마디만 했다. 내가 죽고 나면 제사를 이어받을 사람은 큰아들이므로, 내가 상관할 바가 아니라고 선을 그었다. 오히려 죽고 나면 아무것도 모를 나에게 미리 말해 준 게 고마웠다.

이 얘기를 듣고는 당사자인 나보다 더 분개한 사람들도 더러 있었다. 하지만 내가 여전히 자식들과 가깝게 지내는 데에는 이런 선 긋기가 한몫한다고 나는 믿는다. 나와 같기를 바라는 허망한 기대를 버려야 서로 다른 느낌, 생각, 행동을 존중할 수 있다.

둘째, 외로움을 꼭 사람으로 달랠 필요는 없다.

기대를 버리고 나면 외로움이 밀려올지도 모른다. 이 세상에 누가 내 마음을 알아줄까 싶어 허탈해지기도 한다. 하지만 외로운 마음을 꼭 사람으로 달랠 필요는 없다. 함께 있으면 마음이 편안해지는 장소나 존재도 충분히 좋은 친구다.

나는 마음이 허전하고 쓸쓸해지면 산을 찾곤 했다. 산에 올라 텐트를 치고 그 안에서 누우면 꼭 엄마 품에 안긴 듯 포근해지고 편안해지고, 다시 살아갈 힘이 났다. 산 덕분에 가족과 동료들에게 친절을 베풀고, 환자들의 이야기를 경청하며 열심히 일할 수 있었다.

반려동물을 가장 믿음직한 친구로 꼽는 사람들도 있고, 바다에 가면 저절로 울분이 풀린다는 사람들도 있다. 그것이 무엇이든 간에 안정감과 기쁨을 주고, 행복을 느끼게 해 주는 대상이라면 좋은 친구다. 언제라도 두 팔 벌려 나를 환영하는 친구가 이 세상에 있다는 것만으로도 마음은 편안해진다.

셋째, 미움에도 에너지가 든다는 사실을 명심하라.

젊어서 마당발로 불리던 친구가 있었다. 무슨 일만 일어나면 사람들은 이 친구부터 찾았다. 그러던 것이 세월이 흐를수록 그를 찾는 사람이 줄더니, 나중에는 아무도 연락하지 않는 외톨이가 되었다. 왜 그렇게 된 걸까?

그는 그야말로 '손절'의 전문가였다. 자기가 충고한 대로 따르지 않는 사람과는 아예 연락을 끊었다. 그러다 보니 점점 친구가 줄었고 나중에는 혼자가 되어 버렸다. 꼭 그렇게까지 사람을 쳐내야 하나 싶지만, 그는 그래야만 직성이 풀렸다. 결국 외로움을 감당해야 하는 처지가 되었지만 말이다.

자기 뜻대로 되지 않는 사람을 미움으로 단죄하려는 사람들이 있다. 그러나 상대에게만 상처를 입히는 미움은 없다. 미워하는 동안 자기가 가진 에너지와 시간도 함께 소진된다. 특히 나이가 들수록 시간과 에너지는 무엇과도 바꿀 수 없는 소중한 자원이다. 그것을 미워하는 자에게 쏟는 것이 과연 올바른 선택일까. 차라리 그에 대한 관심을 끄고, 하고 싶은 일과 할 수 있는 일에 에너지를 집중하는 편이 후회를 덜 남긴다. 그러니 미움이 마음을 휩쓸 때는 꼭 기억하기를. 미움에도 에너지가 든다는 사실을 말이다.

넷째, 사람이 그리울 땐 먼저 다가가라.

아흔이 되어서야 알게 된 것 하나. 사람에 대한 미움보다 그리움이 더 오래 남는다는 것이다. 이제는 나에게 무례했던 타인의 행동이나 서로 상처 주고 싸운 기억은 잘 떠오르지 않는다. 오히려 '그때 좀 더 다정할걸, 옹졸하기 굴지 말걸, 그 마음을 더 존중해 줄걸, 좋은 것은 더 나눌걸…' 하는 아쉬움과 그리움이 온 마음을 차지한다.

좋은 일만 생기는 관계는 없다. 사람을 사귀다 보면 화나고 억울한 일도 더러 겪는다. 그래도 다행인 점은 나중에는 좋았던 일이 훨씬 오래 기억에 남는다는 것이다. 사람으로 인해 상처를 입어도, 사람으로 인해 다시 치유되고 행복해진다. 인간관계가 때론 지긋지긋하더라도, 끝내 사람을 포기하지 말아야 하는 이유다.

나이가 들수록 외로움이 자주 찾아든다. 그럴 때 나는 생각나는 사람에게 전화하기를 주저하지 않는다. 그도 나를 반길까, 나를 좋게 기억할까, 괜한 얘기만 하게 되지 않을까 같은 걱정은 일단 미뤄 둔다. 우리가 공유하는 추억의 힘을 믿으며, 오늘 내가 먼저 다가간 이 행동이 좋은 추억 하나를 더 만들어 준다고 믿기 때문이다.

마흔이 넘으면 인간관계가 넓어지는 만큼 공허하게 느껴지기도 한다. 한때 친했던 친구들도 각자 사느라 바쁜 데다가 은근한 비교 심리에 알게 모르게 상처를 받는다. 그럴 때는 혼자서 마음을 달래고 내면을 강화하는 시간이 꼭 있어야 한다. 하지만 그 시기가 지나면 다시 사람을 찾게 되는 때가 온다. 그때가 되면 주저하지 말고 먼저 친구에게 다가가기를. 친구도 당신을 그리워하고 있다. 사람은 사람을 떠나 살수 없다는 당연한 진실을 당신은 좀 더 일찍 깨닫기를 진심으로 바란다.

할아버지라 부르면 싫고,
나이 든 거 몰라주면 노엽다

태도에 대하여

흔히들 생애 주기를 유아기, 청소년기, 성인기, 중장년기, 노년기로 구분한다. 나이가 들어 감에 따라 달라지는 역할을 기준으로 구분해 놓은 것인데, 다음 단계로 이행할 때는 누구나 불안정함으로 인한 불안과 고통을 경험한다. 그래서 사람들은 그 갈래마다 통과 의례를 만들어 두었다. 역할 변화를 공식적으로 알리고, 그 과정에서 경험하는 불안감을 달래기 위해서다. 과거에는 성인식, 결혼식, 장례식 등이 주요 통과 의례였고, 요즘은 입학이나 취직도 이에 속하지 않을까 싶다.

그런데 노년기로 넘어갈 때 우리가 행하는 특별한 통과 의례가 있을까? 곰곰 생각해 보니 떠오르지 않는다. 옛날에는 60세만 넘어도 오래 살았다며 환갑잔치를 벌였는데, 요즘은 환갑은 생략하고 칠순부터 잔치를 한다. 그것도 가족끼리 조촐하게 기념하고 넘어가는 경우가 대부분이다. 그러다 보니 도대체 몇 살부터 노인이라고 여겨야 하는지 헷갈린다. 나이에 대한 옛날의 기준과 요즘의 인식 사이에서 부조화가 생기는 것이다.

그러나 공식적인 통과 의례가 무의미해졌다고 해서 내면에서의 갈등 과정마저 사라지겠는가. 몇 살이라고 못 박을 수는 없지만, 누구나 노년기로 넘어갈 때 불안함과 고통을 경험한다. 제 나이를 받아들이는 과정에서 치르는 일종의 홍역으로, 그 단계를 잘 넘겨야 남은 시간을 편안히 보낼 수 있다.

개인적으로 친하고 존경하는 선배 교수님이 계셨다. 정년 퇴임 후 몸이 불편하여 내가 근무하는 대학 병원에 자주 들르셨다. 그런데 어느 날 원무과에서 시비하는 소리가 들렸다. 원무과 직원과 환자 사이에 다툼이 벌어졌나 생각하다가 고함이 너무 커서 웬일인가 싶어 재빨리 나가 보았다. 그런데 뜻밖에도 교수님이 원무과 직원에게 호통을 치고 있는 게 아닌가. 나는 일단 교수님을 내 방으로 모셔서 자초지종을 여쭈었다. 사정인즉, 원무과 직원이 교수님을 몰라보고 극진히 대접하지 않았다는 것이다.

"내가 이화대학 명예교수인데…."

학교를 떠나면 재직했을 때보다 알아보는 사람이 적을 수밖에 없다. 몇 년이 지나면 얼굴도 모르는 신입생들로 채워지는 것이 학교인데, 명예교수인들 기억하지 못하는 게 순리다. 하물며 의대 교수가 아닌 다른 학과의 교수였으니, 병원 직원들이 몰라보는 게 어쩌면 당연하지 않은가.

선배님은 퇴임 이후에 달라진 역할과 위상을 받아들이느라 힘든 시간을 겪고 계신 게 분명했다. 학자로서의 내공뿐만 아니라 한 인간으로서도 훌륭한 성품을 지녔기에 평소 존경하고 따르던 선배님이었는데, 뜻밖의 상황에 나도 적잖이 당황했다. 그만큼 노년기로의 이행이 결코 쉽지 않다는 방증이었다. 나는 그날 이후 퇴임에 앞서 미리 마음의 준비를 해야겠다고 결심했다. 교수도, 의사도 아닌 그냥 할아버지 '이근후'를 되도록 자연스럽게 받아들이려면 연습이 필요하다고 생각했다. 일종의 나이 듦 훈련이었다.

내가 연습 장소로 택한 곳은 지하철이었다. 우선 지하철의 승객들은 모두 낯선 사람들이기 때문에 그들이 나를 신경 써 주지 않더라도 별로 서운하지 않을 것 같았다. 또 지하철에는 노약자에게 자리를 양보하는 문화가 있어서 내가 몇 살처럼 보이는지를 확인하기에도 편리할 것 같았다. 나는 노약자석을 피해 일반석에 가까이 서 봤다. 아주 복잡하지 않은 시간대라서 서 있는 사람이 몇 명 없었다. 둘러보니 내가 제일 나이가 많아 보였다. 내 앞에는 한 젊은이가 앉아 있었다. 나는 그가 나에게 자리를 양보할지 무척 궁금했다. 그런데 몇 정거장이 지나도록 그는 요지부동이었다. 심지어 눈을 지그시 감고 외면했다. 그때 내 마음에서 이런 감정이 올라왔다.

'이 친구 봐라. 어디 얼마나 버티는가 한번 보자.'

나는 웬만해서는 노약자석 근처에는 얼씬도 하지 않던 사람이었다. 노약자석은 정말 힘든 사람들이 배려받아야 하는 자리라고 생각해서다. 별로 힘들지도 않은데 나이가 많다는 이유로 불필요하게 배려받아야 할 이유가 전혀 없으며, 그건 자리 양보 문제에서도 마찬가지였다. 그런데 젊은이가 나를 어떻게 대우하는지 한번 보자고 마음먹으니, 그의 행동이 눈에 거슬리는 게 아닌가. 나는 목적지에 내릴 때까지 그에게 레이저를 쏘면서 서 있었다.

첫 연습치고는 충격적이었다. 하지만 한 번의 체험을 일반화할 수 없다는 생각이 들어 다른 지하철에 올랐다. 이번에는 앞에 앉아 있던 고등학생쯤 되어 보이는 친구가 용수철처럼 벌떡 일어났다.

"할아버지, 여기 앉으세요."

그런데 나는 이번에도 충격을 받았다. '뭐? 내가 할아버지라고?' 그리고 아까 자리를 양보해 주지 않았던 청년에게 품었던 노여움이 똑같이 일어났다. 나는 어정쩡한 몸짓으로 학생에게 말했다.

"다음 정거장에서 내리니까 괜찮아요."

그러고는 목적지도 아닌 다음 역에서 내려 버렸다. 나는 혼잣말을 내뱉었다.

"참 이중적이다. 나이 든 거 몰라줘도 싫고, 할아버지라고 불러 줘도 싫다니…."

나는 나이, 위계, 권위 같은 문제 앞에서 상당히 '쿨'한 사람이라고 스스로를 여겨 왔다. 권위적이지 않은 아버지, 친구 같은 선배, 의사 같지 않은 의사가 가장 나다운 모습이 아니던가. 그런데 정작 일면식도 없는 사람들이 나를 나이에 걸맞게 대우해 주지 않는다고 속으로 불같이 화를 내다니. 민낯이 드러난 것 같아 두 볼이 화끈했다. 나이 들었다고 대접받고 싶어 하면서도 정작 노인 대우는 회피하려는 내 모습이, 권리는 전부 누리려고 하면서도 책임과 의무는 피하려고만 하는 사춘기 소년과 겹쳐졌다.

나이 듦에 대한 이중성을 통렬히 깨달은 그날 이후, 나는 꾸준히 그런 마음을 고쳐 나가려고 노력했다. 우선 정년을 앞둔 사람에게 '할아버지'라는 호칭이 그리 틀린 것은 아니었다. 그럼에도 나는 그 호칭에 거부감을 가졌던 게 분명했다. 하지만 내가 노여워한다고 해서 노화가 멈추거나 다시 젊어지는 일은 일어나지 않는다. 그저 받아들이느냐, 받아들이지 못하느냐의 차이일 뿐. 그런데 현실을 부정해 봐야 결국 내 손해다. '할아버지' 대우를 받을 때마다 분노하고 힘들어하는 사람이 바로 나일 테니까.

나는 이런 과정을 거치면서 나이를 자각하고 받아들였다. 내 나름의 홍역을 치른 셈이다. 다행히도 이제는 지하철에서 젊은이가 자리를 양보해 주면 허허하고 웃을 수 있게 되었다. 고맙다는 인사도 잊지 않는다. 반대로 자리를 양보해 주지 않아도 노여움은 없다. 그저 '이 친구가 몹시 피곤하구나' 하는 생각 정도만 들 뿐이다. 노년기로 넘어가는 통과의례를 무사히 거쳤기에 찾아온 평화라고 생각한다.

내 주변을 살펴보면 정도만 다를 뿐 누구나 비슷한 홍역을 치렀다. '나이 든 거 몰라주면 서럽고, 노인 대접 받기는 싫고…' 하는 정서는 언젠가 한 번은 찾아오는 보편적인 감정이다. 만약 어느 날 당신에게서 이런 이중적인 태도를 발견하게 되면 그저 통과 의례를 거치고 있다고 생각하라. 홍역을 잘 치르면 면역이 생겨서 더 건강해지듯이, 통과 의례를 잘 거치면 평화로운 삶이 기다리고 있다.

끝까지 살아 봐야
그 뜻을 알 수 있는 것들

시련에 대하여

"자네가 하는 말은 다 옳은데…."

젊은 시절, 장인어른은 내게 자주 이렇게 말씀하셨다. 젊었을 때 나는 사고가 명쾌했다. 선과 악, 옳고 그름, 좋고 싫음이 분명했다. 그래서 잘못된 일에는 크게 분노하며 바로잡으려고 싸웠다. 매사 자기주장이 강했다. 이런 사위가 걱정스러웠는지 장인어른은 개운치 않게 뒷말을 흐렸다. 아마 장인어른은 아셨을 것이다. 세상의 이치를 말해 준들 아직은 못 알아들을 피 끓는 청년이라는 것을.

세월이 흐르고 경험이 쌓이면서, 나도 장인어른의 말 뒤에 숨은 속뜻을 점차 알게 되었다. 세상에 절대 선과 절대 악이란 없으며 선함 속에 악함이, 악함 뒤에 일말의 선함이 공존한다. 좋은 의도로 시작한 일이 나쁜 결과로 끝나기도 하고, 나쁜 일이 전화위복이 되기도 한다. 이렇듯 모든 일엔 양면성이 존재하고, 사건의 결말은 마지막에 이르러서야 알 수 있다.

내 인생엔 위기가 많았다. 그러나 그것이 진짜 위기였을까? 돌이켜보면 위기의 순간에는 언제나 다른 문이 열렸다. 아니, 위기 상황을 어떻게든 버텨 보려는 몸부림이 예상치도 않게 새로운 기회를 열어 줬다. 당시에는 막다른 골목인 줄 알았는데, 거기에 샛길이 있었다. 사실 죽음 외에 막다른 골목이 있을까. 인생은 끝까지 살아 봐야만 알 수 있다.

나는 학창 시절에 미술 대학 진학을 꿈꾸었다. 그러나 자주 병으로 앓아눕는 어머니를 지켜보면서 의사가 되어야겠다고 마음을 굳혔다. 그런데 막상 대학에 들어가 보니 의학 공부가 너무 어려웠다. 공부량이 방대한 데다 문학 소년이었던 내가 해부학, 생리학, 병리학 등을 공부하려니 도통 관심이 안 생겼다. 게다가 어머니의 과잉보호 속에서 자라느라 억압되었던 에너지가 대학에 들어가서 폭발했다. 분노와 반발심이 극에 달했다. 자리에 앉아서 공부하기가 힘들었다. 나는 이 에너지를 산악회를 만들어 활동하면서 풀었다. 며칠에 걸쳐 지리산을 등반하고, 책에서 본 아이젠을 만들고 싶어서 대장간을 찾아가고, 설산에 갇혀 사흘을 버티기도 했다. 그런데 이때 시작한 등산이 내 평생에 걸친 취미가 되었다. 의대 부적응이라는 위기가 산이라는 친구를 소개해 준 셈이다.

차차 의과대학에 적응해 나갔고, 레지던트가 되어 눈코 뜰 새 없이 바쁘게 일하고 있는데, 갑자기 4·19 시위의 주동자로 지목되어 감옥에 들어가게 되었다. 억울했다. 대학 시절에 벌인 일에 몇 년이 지나서 유죄 판결을 내리다니. 이제 막 결혼도 했고, 전문의가 되면 병원도 개원하려고 했는데, 갑자기 교도소라니. 억울한 옥살이를 하고 출소하니 앞길이 더 막막했다. 전과자라는 딱지가 붙어 유학길도 막혔고, 취직자리도 없었다. 나는 고민 끝에 일면식도 없던 국립정신병원(현 국립정신건강센터) 원장에게 편지를 썼다. 당시 국립정신병원은 의사들이 기피하던 곳이어서 나를 위한 자리가 하나쯤은 있을지도 몰랐기 때문이다. 뜻밖에도 원장은 나를 받아 주었다. 참 감사한 일이었다.

나에게 국립정신병원은 어쩔 수 없는 선택이었다. 막다른 골목에서 찾은 유일하게 열린 문이었을 뿐이다. 그런데 나는 그곳에서 의사로서 크게 성장했다. 나라에서 진행하는 다양한 프로젝트에 참여하며 전국의 유명한 의사들을 직접 만나 배웠고, 풍부한 임상 경험을 쌓았다. 만약 대학병원에 있었다면 한두 명의 스승 밑에서 비교적 증상이 비슷한 환자들만 돌봤을 것이다. 오히려 나라에서 운영하는 병원에서 일했기에 다양한 의사와 환자를 만나며 폭넓게 경험을 쌓았다. 전과라는 위기가 의사로서의 삶에 일면 전화위복으로 작용했음을 인정하지 않을 수 없는 이유다.

이제 인생이 순탄하게 흘러가나 했다. 그런데 갑자기 군대에 오라는 명령이 떨어졌다. 4·19 혁명이 역사적으로 재평가되면서 관련자들이 모두 사면되었다. 전과자라는 딱지가 떨어져서 무엇이든 마음껏 해 볼 수 있게 되자, 이제는 사면되었으니 군대의 의무를 이행하라는 통지가 날아왔다. 당시는 국립정신병원에서 쌓은 경험을 바탕으로 개원을 고민할 때였다. 결국 모든 꿈을 3년 넘게 미룰 수밖에 없는 상황이 되었다. 또다시 난관에 봉착한 것이다.

군대를 제대한 후에 다시 원점에 섰다. 개원하자니 돈이 없었고, 국립정신병원에 복직하자니 뭔가 허전했다. 나는 진로와 관련한 조언도 들을 겸, 정신과(현 정신건강의학과) 의사 선배들을 찾아다니며 제대 인사를 드렸다. 당시만 해도 한국에 정신과 의사의 수가 많지 않아 직접 뵐 수 있었다. 연세대 세브란스 병원에 인사를 드리러 갔을 때, 과장님께서 앞으로 무엇을 하고 싶냐고 물었다. 나는 처음으로 속마음을 털어놓았다. 사실은 학생들을 가르치는 일을 하고 싶은데, 불가능할 거 같아 개원을 고민하고 있다고 말했다. 나는 어릴 때부터 탐구심이 강하다는 평가를 자주 들었다. 스스로 보기에도, 하나를 고민하면 끝까지 파고드는 성향이 강했다. 따라서 각종 일이 파도처럼 밀려와 재빠른 해결 능력이 필요한 거대한 병원 조직보다는, 골똘히 궁리하는 시간과 공간을 허락하는 학교에 머무를 때 더 즐겁고 편안했다. 하지만 감옥에 갔다 오면서 레지던트 이후 대학에 남을 수 있는 기회를 놓쳐 버렸기에, 교수가 되기는 불가능하다고 판단했다. 그런데 뜻밖에도 과장님은 며칠 후 나에게 전화를 걸어 전임 강사를 해 보지 않겠느냐고 제안했다. 예기치 않게 새로운 길이 열린 순간이었다. 그 후로 3년간 학생들을 가르치며 치열하게 공부했다. 국립정신병원에서 풍부한 임상을 쌓았다면, 연세대에서 학문적인 실력을 갈고 닦았다. 그 후 이화여대로 자리를 옮겨 평생 가르치는 삶을 살게 되었다.

내 인생은 그다지 계획대로 풀리지 않았다. 무엇을 제대로 해 볼라치면, 의지를 꺾는 장애물이 나타났다. 한때는 왜 나한테만 이런 일이 생기나 하는 억울함도 느꼈다. 하지만 주저앉아 전부 포기할 게 아니라면 몸부림이라도 쳐야 했다. 그런데 그런 몸부림이 예상치도 않게 다른 길을 열어 줬다. 시야에 들어오지도 않았던 전혀 새로운 차원을 열어 주었다.

인생을 안다고 함부로 판단해선 안 되는 이유가 여기에 있다. 우리가 보는 세상이 전부가 아니다. 끝에 다다른 것 같아도 절대로 끝이 아니다. 어떻게든 해 보겠다는 심정으로 버티면 눈에 보이지 않던 가능성이 열린다. 그래서 인생은 끝까지 살아 봐야 안다. 내가 어느 만큼의 세상을 경험하다 갈지는 아무도 모른다.

지금까지 90년을 살았지만 나는 세상을 다 안다고 느끼지 않는다. 어릴 때 내 고향은 전쟁터였다. 늙기도 전에 전쟁터에서 죽지는 않을까 불안했다. 대학생 때는 민주적인 세상을 꿈꾸었다. 그러나 정부의 폭정을 바라보며 과연 그런 세상이 올까 암울했다. 중년이 되어서는 돈만 쫓는 삶에 회의를 느꼈다. 하지만 경제 부흥이 제1 목표라는 우리나라에서 성찰하는 삶은 불가능하다고 생각했다. 그런데 현재 우리나라를 보라. 모두가 스마트폰을 들여다보며 세계인과 소통하고, '워라밸'을 외치며 나답게 살고 싶은 게 꿈이라고들 한다. 이런 세상이 올 줄을 90년 전의 내가 어떻게 예측했겠는가.

도가에 이런 말이 있다. "내가 도에 이르렀다고 생각한다면 그런 생각을 하는 순간 나락이다." 무엇이든 다 안다고 생각하는 순간, 그 사고에 사로잡혀 다른 가능성을 보지 못한다. 자기만의 세상에 발목을 잡힌다. 그러므로 당신 앞의 현실을 전부라고 판단하지 말라. 아직은 끝이 아니라고 믿고 어떻게든 살아가고자 애쓰면, 마법처럼 막다른 골목에서 새로운 세상이 열린다. 이것이 아흔 해를 산 내가 당신에게 말할 수 있는 단 하나의 삶의 진리다.

나답게 사는 것 외에
다른 정답이 있을까?

인생에 대하여

요즘 텔레비전을 보거나 인터넷상에서 글을 읽으면 선뜻 이해가 안 되는 단어들을 자주 접한다. 대개 앞글자를 따서 만든 줄임말이다. 그런 말을 즐겨 쓰는 젊은이들은 불편하지 않겠지만, 나처럼 나이 든 사람들은 이해하기가 퍽 곤란하다. 안 듣고 안 쓰는 데도 한계가 있다. 워낙 가짓수가 많고, 다양하게 사용되다 보니 신조어를 모르고서는 대화가 안 된다. 어떨 땐 내가 사오정이 된 기분이다.

처음에는 'ㅋㅋ', 'ㅎㅎ'를 이해하고 사용하는 데도 손주들에게 도움을 요청했는데, 요즘 쓰이는 단어들은 그 정도 수준이 아니다. 아주 복잡다단하다. 나는 손주들에게 묻기도 하고 검색을 통해 찾아보기도 하면서, 신조어 공부에 나섰다. '이생망'은 이번 생은 망했다는 뜻으로, 제아무리 발버둥쳐도 나아질 게 없는 암울한 시대를 자조적으로 표현한 말이다. '갓생'은 갓(God)과 생(生)의 합성어로, 모범적이고 부지런한 삶을 이른다. '중꺾마'라는 말도 있다. 월드컵에서 우리나라 선수들을 응원하는 문구에서 유행했다는데, '중요한 건 꺾이지 않는 마음'의 줄임말이다. 이런 신조어를 보이는 대로 죽 적어 보니 A4 용지로 여덟 장이 넘었다.

처음에는 짜증스럽고 불편하기도 했지만, 읽고 쓰다 보니 퍽 재미있었다. 그중에 내 눈을 단박에 사로잡은 신조어는 '소확행(小確幸)'이다. '작지만 확실한 행복'이라는 뜻으로, 불확실하고 먼 행복을 추구하느라 소중한 오늘을 희생하느니 차라리 눈앞에 보이는 이 순간의 즐거움을 선택하겠다는 의지의 표현이다. 한때 당연했던 모든 일, 즉 한 직장에서 정년퇴직을 하고, 결혼해서 아이를 낳고, 내 집을 장만하는 일들이 전부 불확실하고 어려워진 대한민국의 현실을 드러내는 단어이기도 하다.

젊은이들이 세상에 느끼는 배신감의 정도를 가늠할 수 있었다. 그러면서도 다른 한편, 지금까지 우리가 간과해 온 능력에 주목하는 그들이 참 대견했다. 우리의 삶은 그동안 어땠는가. 미래의 행복을 위해 현재를 저당 잡힌 채 살아오지 않았던가. 대학에 입학하고 나서, 취직하고 나서, 승진만 하면, 돈만 좀 더 벌고 나서…. 행복을 위한 온갖 준비를 마치고 나서야 행복해 보겠다고 버릇처럼 다짐해 오지 않았던가. 그에 비하면 '지금, 여기'의 행복을 놓치지 않겠다고 선언하는 그들은 얼마나 현명한가.

경쟁적인 사회 분위기 속에서 우리는 눈앞의 목표를 따라가기에도 급급한 삶을 살았다. 사람들이 좋다는 길을 따라가야 한다고 생각했을 뿐, 왜 그 길을 가야 하는지에 대해 스스로 답을 찾을 겨를도 없었다. 그렇게 목표 지향적인 인생을 살다가, 어느 날 나이가 들어 회사를 그만두고 아이들이 독립하는 시점이 되면 푯대를 잃은 배처럼 이리저리 흔들린다. 앞으로 무엇을 목표로 달려가야 할지 감이 안 잡히기 때문이다.

거기에 남은 시간이 많지 않다는 불안과 초조까지 가세하면 삶이 더욱 힘들어진다. 마치 시험을 앞둔 수험생이 벼락치기로 공부하듯이, 왕년에 못지않은 거창한 목표를 세우고 숙제하듯 애를 쓴다. 그들은 운동, 여행, 봉사, 공부 등 남들이 좋다는 것은 다 해 보겠다고 욕심을 부린다. 어떤 사람들은 사진을 찍어 보겠다고 고가의 카메라부터 장만한다. 어떤 사람들은 세계 방방곡곡을 여행해 보겠다며 비싼 여행 상품부터 결제한다. 무거운 역기를 드는 모습을 자랑삼는 사람들도 있다. 치열한 경쟁 속에서의 생활을 일단락 짓고도, 또다시 경쟁적인 삶을 사는 것이다.

하지만 나이가 들어서 가장 좋은 점은 무엇일까. 바로 목표를 중심으로 살지 않아도 된다는 점이다. 나이 들어 공부를 열심히 한들 뭐 하겠는가. 이제 와 박사 학위를 딸 것도 아니다. 운동을 열심히 한다고 해서 이제 와 세계적인 운동선수가 될 수도 없다. 여행을 많이 다녔다고 자랑할 순 있겠지만, 노인의 자랑을 다소곳이 들어 줄 사람도 없다. 그럼에도 불구하고 공부를 하고 운동을 하고 여행을 한다면 그 이유는 무엇이어야 할까? 바로 순수하게 그 자체가 재밌어서다. 즉 목표와 결과가 아닌 과정의 즐거움 때문이다.

목표에서 과정으로, 타성에서 자발성으로의 전환. 그것이야말로 나이가 들면 한 번쯤 거쳐야 하는 생의 과업이다. 인생은 지금도 길고, 앞으로는 더욱 길어질 것이다. 인생 후반전이라는 긴 강을 건너기에 남들이 좋다는 것들은 너무 약하고 근시안적인 푯대다. 후회 없는 삶을 살고 싶다면 '나'라는 새로운 푯대를 세워야 한다. 내가 무엇을 좋아하고, 어떤 일을 할 때 즐거우며, 나에게 의미 있는 행위가 무엇인지를 알아야 한다.

몇 년 전에 EBS 다큐멘터리 〈100세 쇼크〉에서 흥미로운 인터뷰 영상을 보았다. 한 중년의 여성이 어느 날 문득 자신이 정말 좋아하는 게 뭔지를 곰곰이 생각하기 시작했다며 이렇게 말했다. "사회에 의미 있는 일도 좋고 봉사도 좋은데, 무엇보다 내 안을 채우고 싶어졌어요." 그런 그녀가 선택한 것은 그때까지 별로 접해 보지 않았던 철학이었다. 나이 들어 시작한 철학 공부가 이렇게 재미있을지 몰랐다면서 그녀는 함박웃음을 지었다.

어느 날부터인가 삶의 목표를 잃었다고 우울해지는 사람이 많다. 그러나 나답게 사는 것 외에 다른 정답이 있을까? 자기 자신으로 존재하는 것 외에 다른 목표는 전부 한시적이다. 그러므로 목표의 상실 때문에 힘겨운 시간을 보내는 중이라면 진지하게 생각해 볼 일이다. 내가 진짜 하고 싶은 일은 무엇인가? 거기에 진정한 행복에 이르는 답이 있다.

버틴다는 것의 진짜 의미

운명에 대하여

2011년도 수첩을 정리하다가 육촌 동생의 전화번호를 발견했다. 오랜만에 전화를 걸어 보니 다행히 반가운 목소리가 들려왔다. 잘 지내느냐는 안부에 동생이 대답했다.

"형님, 여기 요양 병원이에요."

"요양병원에 봉사 갔구나."

국어 교사로 봉직한 그는 정년 퇴임 뒤 봉사 활동을 열심히 해서 그가 사는 강릉 지역 신문에 자주 이름이 오르내렸다. 그래서 나는 그가 또 봉사하러 간 줄 알고 물었다.

"아니요. 내가 입원해 있어요. 이젠 내가 내 몸을 위해 봉사할 나이인가 봐요."

"제수씨가 힘들겠다."

"마누라도 이 병원에 함께 입원해 있어요. 나는 파킨슨병이고, 마누라는 관절 때문에 잘 걷지 못해 입원했어요."

"헉, 신혼여행 갔구나."

함께 중병을 앓고 있다니 안타까웠지만, 한편으론 부부가 같이 병원 생활을 하게 되어서 다행이었다. 둘이 함께 건강하게 천수를 누리다 비슷한 시기에 눈을 감으면 더없이 좋겠지만, 죽고 사는 문제가 어디 마음대로 되던가. 내 나이가 되고 보면, 몸은 불편한데 배우자를 먼저 보내서 힘든 시간을 견디는 사람들도 여럿 있다. 그에 비하면 아파도 배우자가 곁에 있는 게 정신 건강 면에서 훨씬 나았다.

'이 교수, 오늘 마누라가 죽었어.'

여러 해 전 어느 날 선배 교수님이 문자를 보내 왔다. 나는 깜짝 놀랐다. 선배님이나 사모님이나 모두 아흔에 가까운 연세라 좀 더 오래 사셨으면 하는 아쉬움은 있을망정 돌아가셨다고 해서 화들짝 놀랄 일은 아니었다. 다만 항상 병약했던 선배님에 비해 상대적으로 건강했던 사모님이 먼저 돌아가셨다니 놀랍고 걱정이 되었다. 튼실한 내조를 받던 선배님의 앞날이 아슬아슬하게 느껴졌다. 선배님이 앞으로 생활을 흔들림 없이 꾸려 나가실지, 나뿐만 아니라 지인들도 한결같이 걱정스러운 눈빛이었다.

장례식장에서 뵌 선배님은 더욱더 왜소해 보였다. 인생의 든든한 버팀목이자 한결같던 동반자를 잃었으니 몸의 반쪽이 떨어져 나간 심정이었을 게다. 선배님은 나를 보더니 아내를 따라가야 옳은지 그래도 좀 더 살아 봐야 하는 건지 모르겠다며 통곡하셨다. 그 깊은 슬픔을 어찌 헤아릴 수 있을까. 한참 침묵하던 나는 그래도 선배님을 살려 봐야겠다는 생각에 이렇게 말했다.

　"공자가 진인사대천명(盡人事待天命)이라고 했습니다. 이 세상에 태어나고 싶어서 태어난 사람이 어디 있습니까. 그리고 저세상에 가고 싶어 가는 사람이 어디 있겠습니까. 따지고 보면 태어나고 죽는 게 의지로 할 수 있는 일이 아니지 않습니까. 바로 따라가시기보다 천명을 기다리는 게 옳지 않겠습니까."

　장례를 치르고 며칠이 지나 선배님으로부터 문자가 왔다.

　'이 교수, 90살까진 버티고 싶은데….'

　그해에 88세셨으니 2년을 더 살고 싶다는 말이었다. 하지만 꼭 햇수를 채우겠다는 의미는 아닐 테다. 그저 아내의 죽음이라는 대사건에도 불구하고 자기에게 주어진 삶이라면 끝까지 살아 보겠다는 각오를 전달하고 싶은 건 아니었을까. 그러면서도 자꾸만 약해지는 인간적인 마음을 전하신 건 아닐까. 나는 선배님은 꼭 멋있게 버티실 거라고 말씀드렸다. 조금이나마 힘을 내시기를 바라면서.

'버티다.' 사전을 찾아보니 '어려운 상황에서도 굽히지 않고 맞서 견디어 낸다'라는 뜻이다. 레슬링 경기에서는 '파테르'라는 벌칙이 있다. 불어로 '땅에 엎드리다'라는 뜻인데, 벌칙을 받은 선수는 땅에 엎드려서 등 뒤에서 오는 상대편의 공격을 버텨야 한다. 몸이 뒤집히지 않고 일정 시간을 잘 견디면 벌칙이 풀려 다시 정상적으로 일어서서 경기할 수 있다. 그러고 보면 '버티다'라는 용어는 약자의 몫이다. 뜻대로 해 볼 수 없는 상황에 이르러, 주어진 상황을 감내하면서 끝내 견디는 것을 의미하기 때문이다.

살다 보면 고속도로를 달리는 스포츠카처럼 잘나가는 시기도, 시골길을 달리는 경운기처럼 달리는 내내 장애물에 걸리는 시기도 지나게 마련이다. 잘나갈 때는 뜻만 세우면 뭐든 이룰 수 있을 것 같다가도, 슬럼프를 겪을 땐 도무지 시련이 끝날 것 같지 않아 전부 포기해 버리고 싶다. 인생에는 부침이 있고, 부침을 잘 견디면 편안한 시기가 다시 찾아온다. 그래서 버티는 힘이 필요하다. 거센 폭풍이 몰아칠 때 집 안에서 몸을 사리며 태풍이 지나가길 기다리듯 어려운 시기는 저절로 지나가기를 바라기밖에 달리 방법이 없다.

그런데 인생을 통틀어서 보면 모든 인간은 버텨야 하는 운명이다. 강자가 아닌 약자이고, 승자가 아닌 패자다. 죽음이라는 결말을 피할 수 있는 인간은 아무도 없기 때문이다. 언젠가 몸과 정신은 노쇠해질 테고, 소유한 것들도 전부 내놓고 떠나야 한다. 높은 명망을 쌓고, 거대한 부를 축적하고, 눈부신 업적을 이룬 사람도 예외는 아니다. 제아무리 잘나갔던 사람이라도 결국은 죽음을 맞이한다. 그래서 어떤 사람들은 도무지 삶에 의미를 찾지 못한다. 어차피 죽을 인생, 뭐 그리 애쓰면서 사느냐는 말이다.

그들은 버틴다는 행위를 수동적으로 이해한다. 인생은 어쩔 수 없는 상황의 연속이니, 기껏 할 수 있는 일이라고는 버티기뿐이다. 운명의 손에 이끌려 노예처럼 순응하는 삶이다. 이런 수동성은 분노를 낳는다. 내 뜻대로 하고 싶은 게 인간의 본성인데, 삶을 운명에 따르는 수동적인 과정이라고 생각하니 화가 날 수밖에.

한편으론 그들의 말이 옳다. 인생은 개척하는 것이라고들 말하지만, 삶을 좌우하는 조건들은 이미 주어져 있고 결정되어 있다. 태어나는 순간에 정해지는 국가, 성별, 부모의 경제적 지위에 따라 삶의 방향이 큰 틀에서 결정된다고 한다. 그러니 삶은 운명이고, 인간은 태어난 이상 운명에 순응해야 하는 처지다. 어쩔 수 없다.

그러나 다른 한편으로 그들의 말은 틀렸다. 운명은 바꿀 수 없어도, 운명을 받아들이는 태도는 스스로 결정할 수 있기 때문이다. 삶의 능동성이 여기에서 출발한다. 주어진 운명이라도 적극적으로 '내 것'으로 받아들이면 인생이 만족스러워지고 행복도는 올라간다. 텔레비전에서 흔히 나오는 인간 승리의 드라마를 보며 우리가 감동하는 까닭은, 그가 운명을 바꾸었기 때문이 아니라 운명을 적극적으로 포용했기 때문이다. 그의 인생 스토리 앞에 옷깃을 여미는 까닭은, 그의 태도에서 인간의 품격이 느껴지기 때문이다. 어쩌면 가장 인간다운 삶이란 운명 앞에 약자인 자신의 처지를 깊이 고뇌하면서도 꿋꿋하게 버텨 내는 삶이 아닐까. 아흔을 앞두고도 끝내 살아 보리라 다짐한 선배님의 삶처럼.

운명이란 게, 탓하자면 끝이 없어서 화풀이 대상으로 이만한 게 없다. 가끔 지치고 힘들 때 운명을 대상으로 화 한번 크게 내고, 털어 내고, 다시 출발하면 좋겠다. 그렇게 다시 운명과 친구가 되면 좋겠다. 어차피 태어난 인생이다. 누구의 것도 아닌 내 삶인데 이도 저도 아닌 뜨뜻미지근한 태도로 살 수는 없지 않은가. 끝까지 가 보지 않은 연애가 후회와 아쉬움으로 남듯, 제대로 살아 보지 못한 삶이야말로 죽을 때 가장 큰 후회를 부른다. 열심히 산 하루 끝에 달콤한 잠이 기다리듯, 최선을 다한 인생 끝에 편안한 죽음이 찾아온다. 진인사(盡人事)한 사람만이 대천명(待天命)할 수 있다. 공자님의 참뜻이 여기에 있다.

가족은 무엇으로 사는가

사랑에 대하여

《나는 죽을 때까지 재미있게 살고 싶다》를 출간하고 나서부터 나를 찾는 이들이 부쩍 늘었다. 각종 인터뷰, 강연, 방송에 초청되어 수많은 인연을 맺고 활발히 활동하게 되었으니, 나이 들어 찾아온 이 행운이 참으로 감사할 따름이다. 그런데 책을 읽고 찾아온 이들이 공통으로 듣고 싶어 하는 이야기가 있었다. 바로 3대 13명이 한집에서 살아가는 우리 집 이야기다.

내가 사는 집은 구기동의 4층짜리 빌라다. 빌라에는 모두 다섯 가구가 살고 있는데, 특이한 점은 모든 세대주와 세대원이 나의 아들과 딸, 사위와 며느리 그리고 손주들이라는 것이다. 내가 재력가라서 자녀들에게 집을 한 채씩 나누어 주었다고 생각하면 오산이다. 각각의 집은 아들과 딸 들 내외가 돈을 모으고 대출을 받아 마련한 버젓한 제 집이다.

우리 가족이 전부 모여 살기 시작한 것은 2003년부터다. 자식들이 결혼하고 아이를 낳고 일을 하면서 모두 왕성하게 활동하던 시기다. 당장 눈앞에 닥친 육아 문제와 앞으로 부딪치게 될 부모 봉양 문제, 서울에선 좀체 답이 안 나오는 내 집 마련 문제를 함께 모여 살면서 해결하면 더 수월하지 않겠느냐는 장남의 아이디어에서 출발했다. 그 취지에는 부모인 우리는 물론 다른 자녀들까지 공감했다. 하지만 어떻게 살아야 할지를 두고는 쉽게 답을 내기가 힘들었다. 아무리 가족이라지만, 장성해서 새로운 가족을 이룬 자식들과 나이든 부모가 한 지붕 아래 살기가 말처럼 쉽겠는가. 예기치 않은 갈등 끝에 서로를 미워하게 될지도 모를 일이었다. 우리 가족은 오랜 고민 끝에 '각 가정과 구성원의 독립성 보장'이라는 대원칙하에 함께 살기로 합의했다.

집을 지을 때부터 그 원칙을 적용했다. 우리 부부는 살던 집터를 내놓았고 자녀들은 각자의 경제적 능력과 취향, 형편에 따라 집을 다르게 설계했다. 또 출입문을 따로 내어서 사생활이 보장되도록 했다. 독립성 보장이라는 원칙은 생활 규칙에도 적용되었다. 가족이라는 이유로 함부로 남의 집에 드나들거나 미리 약속을 잡지 않고 불러내는 일이 없게 했다. 또 가족 공동의 행사는 반장이 맡아서 시간과 장소를 잡아 미리 공지하도록 했고, 반장은 6개월마다 돌아가며 맡았으며, 각 가정 현관의 비밀번호는 철저히 '비밀'에 부쳤다.

핵가족을 넘어 1인 가구가 대세라는 요즘, 3대가 모여 사는 우리 집이 보는 이들에게는 퍽 신선했나 보다. '새로운 가족 실험'이라느니, '새로운 형태의 공동체'라느니, 우리 가족을 추어주는 말이 많았다. 따로 또 같이 사는 것이야말로 21세기에 적합한 가족 모델이라면서 부러운 시선을 건네기도 했고, 매일 같이 밥 먹고 자주 왕래하는 따뜻한 가정의 모습을 기대하기도 했다. 우리 가족이 어떤 식으로든 매우 '이상적으로' 보이는 게 분명했다.

하지만 사람 사는 게 별반 다르겠는가. 우리 집이라고 언제나 화기애애하지는 않다. 오히려 서로에게 무덤덤한 편이다. 같은 건물에 살아도 며칠씩 얼굴을 못 보기 일쑤고, 서로 사는 게 바빠서 속사정을 시시콜콜 알기도 어렵다. 오히려 적당한 무관심 덕분에 지금껏 큰 싸움 없이 잘 지내 왔다는 생각이 들 정도다. 아마 정서적으로 기대면서 친밀하게 사는 모습을 기대했다면 크게 실망할지도 모르겠다.

그런데 20년 넘게 대가족을 꾸려 살아 본 당사자로서 말하건대, 대가족은 기쁜 일을 나눌 때보다 아픔과 어려움을 나눌 때 그 빛을 발한다. 2010년의 일이다. 일요일 저녁에 갑자기 장남이 쓰러졌다. 그때 아들 곁엔 며느리와 큰손자가 있었다. 평소 건강에 아무런 문제가 없었기에 픽 쓰러진 장남을 보고 며느리는 장난을 치는 줄 알았단다. 그런데 며칠 전 아버지가 심장마비로 급사한 친구의 사연을 접한 큰손자가 심상치 않은 상황이라고 판단해 곧바로 119에 전화를 걸었다. 119에 접수를 마치고 나서는 의사인 고모에게 전화를 걸었고, 고모는 위중한 상황일지 모르니 최대한 빨리 응급실에 가라는 지시를 내렸다. 다행히 아래층엔 삼촌이 있었고, 삼촌이 급하게 차를 몰아 응급실로 향했다. 119 구급대보다 빠른 조치였다.

차를 타고 어느 병원 응급실로 가야 할지를 두고 고민할 때, 손자의 삼촌이자 내 막내아들은 얼마 전 강북 삼성병원 응급실이 굉장히 한가했다며 그곳으로 큰아들을 옮겼다. 천운이었는지, 당시 강북 삼성병원은 의료 평가 기간이라서 과장부터 시작해 모든 의료진이 대기하고 있었다. 큰아들은 병원에 도착하자마자 필요한 응급조치를 받았고, 바로 수술대에 누울 수 있었다.

급성 심근경색이었다. 병원에 도착했을 때 이미 심장 근육의 절반이 죽어 있었다. 단 몇 분만 늦었어도 뇌 손상 혹은 사망에 이를 수도 있었다. 가족이 모여 살았기에 응급 상황에 가장 빠르게 대응했고, 각자 가진 정보를 모아서 가장 현명한 답을 찾아냈다. 손자의 순간적인 판단, 고모의 조언, 삼촌의 빠른 병원 이송. 이 가운데 무엇 하나만 빠졌어도 정말 큰일 날 뻔했다. 그야말로 가족의 '집단 지성'이 아들의 목숨을 구했다. 대가족으로 모여 살기를 정말 잘했다고 생각한 순간이었다.

이후로도 큰아들 내외는 다른 가족들의 손을 빌려 가며 위기를 넘겼다. 나와 아내, 다른 자녀들은 큰아들 부부가 병원 생활을 하는 동안 아이들을 돌보고, 집안 살림을 도왔다. 아이들도 집안에 다른 어른들이 버티고 있으니 크게 흔들리지 않고 일상생활에 전념했다. 손자는 아직도 그때 이야기를 꺼내며 내게 말한다. "할아버지가 하신 일 중에 제일 잘하신 일이 우리 가족이 전부 모여 살게 한 거예요." 나도 그렇다. 그때 만약 우리가 뿔뿔이 흩어져 살고 있었다면 어땠을까. 생각만 해도 아찔하다.

함께 사는 20년 동안 모든 가족이 나름대로 크고 작은 우환을 겪었다. 그럴 때마다 우리는 서로에게 조금씩 신세를 졌다. 위험을 나누어 짊어져서 위기를 매끄럽게 넘어간 것. 그것이야말로 대가족이 준 선물이다. 세상이 나날이 위험을 축소하는 방향으로 진보해 온 것 같지만 정말 그러한가. 의학 기술의 발달로 인간 수명은 늘었지만, 그만큼 긴 시간을 각종 질병과 함께 살아가야 한다. 현대 사회는 여성들의 사회 진출을 독려하면서도 육아 문제는 방치하고 있다. 청년들의 교육 수준은 날이 갈수록 높아지는데 양질의 일자리는 되레 줄어들었다. 현대 사회의 발전은 예기치 않은 문제들을 낳았고, 개인주의 사회는 이를 알아서 해결하라고 한다. 하지만 이런 문제를 개인의 노력만으로 풀 수 있겠는가.

3대 13명이 모여 살자고 마음먹은 데에는 혼자 풀기 어려운 문제를 함께 풀어 보자는 현실적인 요구가 있었다. 즉 위험의 분산이자 사회적 안전망의 마련이다. 당장 나이 든 부모를 모시는 일부터 그렇다. 함께 살고 나서부터는 오히려 자녀들이 주말을 자유롭게 보낸다. 언제든지 모일 수 있는 물리적인 기반이 마련되니까 꼭 언제까지 모두 모여야 한다는 강제가 사라졌다. 주말을 온전한 충전의 시간으로 보내니 자연히 가족 간 갈등도 줄었다. 자식들은 아이를 키우는 일에서도 다른 가족들에게 많은 도움을 얻었다. 우선 아이들의 등하교를 할머니인 내 아내가 맡았다. 또 집에 어른이 여덟이나 되니 언제든지 아이를 봐 줄 사람은 꼭 한두 명쯤 있게 마련이다. 자녀들은 마음 놓고 일에 몰두했다. 손주들도 좋은 영향을 많이 받았다. 천문학자부터 의사, 미술치료사, 실험 영화 감독까지 다양한 일에 종사하는 어른들로부터 다양한 자극을 받으니 세상을 보는 눈이 깊어지고, 진로의 선택지가 많아졌다. 보통은 한 자녀, 많아야 두 자녀를 낳아 기르는 요즘, 사촌지간에 부대끼며 다복하게 생활하니 사회성은 덤으로 자란다.

가족이라는 이유로 시시콜콜 알려 들고, 사사건건 간섭하려 들면 문제가 생긴다. 자유롭게 해결할 수 있는 문제는 알아서 헤쳐나가도록 두는 것이 나이 든 부모와 장성한 자녀가 평화롭게 사는 지름길이다. 가족 간에 상처 주지 않고 상처받지 않는 적정 거리를 지키려면 적당한 무관심이 필요하다고 나는 믿는다. 하지만 혼자서 해결하기 힘든 문제를 만나면? 그때야말로 가족이 모여 힘을 발휘할 때다. 최근 들어 공동육아나 마을 공동체 같은 운동이 활발한데, 가족이라고 공동육아를 하지 말라는 법이 없다. 오히려 가족이기에 해체될 위험이 적어 더 안전할 수도 있다.

가족이라서 더 어렵고 더 불편하다고 생각하지 말라. 가족이 가진 지식과 에너지도 당신의 중요한 자산이다. 불안한 사회에서 가족이라는 안전망이 있다면 얼마나 마음이 든든한가. 가족을 나름대로 이용하고자 하면 다양한 방법이 보인다. 그 결과 가족끼리 돈독해지면, 그것은 감사한 덤이다.

말이 통하는 어른이 된다는 것

소통에 대하여

젊었을 적에는 노인들과 대화할 때 늘 두 가지 의문이 들었다. 하나는 '왜 노인들은 영양가 없는 말을 많이 할까?'이고, 다른 하나는 '왜 목소리가 저렇게 클까?'였다. 대개 노인들의 말은 한번 시작되면 구구절절 이어지는 경우가 많았다. 듣는 입장에서는 짧게 마무리될 이야기가 끝없이 길어지니 영양가가 없게 느껴졌다. 게다가 분위기에 적합한 내용이 아니면 듣기에도 민망했다. 한창때는 보석 같은 가르침을 논리적으로 해 주시던 선배님들이 나이가 들어 중언부언하는 모습을 지켜보면서 안타까울 때가 한두 번이 아니었다. 특히 학회 같은 토론장에서 한번 마이크를 잡으면 놓지 않는 선배님도 많았다. 사회자가 사인을 보내도 아랑곳하지 않고, 하고 싶은 말을 죄다 쏟아 놓고 가시는 뒷모습을 보면서 나는 나이가 들어도 저러지 말아야지 하고 다짐했다. 그런데 지금 생각하면 그 선배인들 비슷한 다짐을 하지 않았을 리가 없다.

"아빠…."

자녀들이 내가 하는 말을 가로채고 손가락 셋을 펴 보일 때가 있다. 벌써 세 번째 하는 말이라는 의미다. 이제 그만하라는 경고 아닌 경고다. 나는 그럴 때마다 움칫한다. '전에 말한 기억이 없는데….' 혹시 듣기 싫어서 거짓말을 하는 게 아닌가 하는 의심도 들지만, 자녀들의 말이 맞을 것이다. 그래서 나는 말을 시작할 때 조심스럽게 덧붙인다. "전에도 말한 적이 있지만…."

가끔 내가 중요하게 여기는 가치들을 자녀들에게 이야기해 주고 싶을 때가 있다. 그럴 때 나는 최대한 유머를 섞어 가며 '꼰대' 같지 않은 방식으로 말을 걸려고 한다. 그런데 아이들의 반응이 "아빠 썰렁해"로 돌아오면 참 무안하다. '아이들 눈에는 내가 옛날의 그 선배님들처럼 보이겠구나' 라는 생각이 들어서다. 이런 핀잔을 들을 때도 있다.

"아빠, 엄마하고 싸우지 마세요."

"안 싸웠어. 내가 언제 싸우는 것 봤니?"

"싸웠잖아. 막 소리 지르고….”

대화의 톤이 높아진 것을 보고 하는 말이다. 나이가 들면 귀가 어두워지는 만큼 목소리도 커진다. 내가 안 들리니까 상대도 똑같이 안 들릴 거라고 여겨서다. 아내도 나만큼 늙었으니 두 노인의 대화가 한창 젊은 딸에게는 마치 싸우는 것처럼 들렸을 것이다. 젊은 시절에 '저러지 말아야지' 했던 노인의 모습을 고스란히 반복하는 나를 보면서, 혼자 피식 웃을 뿐이다.

이제 명실상부한 노인이 되었으니, 변명해 보자. 나이가 들면 왜 말이 많아질까? 첫째는 집중력 저하다. 말에는 목적이 있다. 그 목적을 달성하기 위해 여러 가지 이야기들을 곁들인다. 나무로 치자면 굵은 기둥이 전하고 싶은 말이고, 잔가지들이 이야기 소재다. 굵은 기둥과 잔가지 사이에는 인과관계가 촘촘히 얽혀 있다. 그런데 집중력이 저하되니 인과관계를 쉽게 놓치고 연상에는 비약이 생긴다. 한마디로 잔가지를 따라가다가 길을 잃는 것이다. 어느새 정신을 차리면 '도대체 왜 이 얘기가 나왔지?' 싶고, 이야기는 수습하기 힘든 지경에 이른다.

둘째는 경험이 쌓여서다. 나이가 들면 살아온 햇수만큼 다양한 경험이 방대하게 쌓이고, 사람과 세상을 판단하는 나름의 잣대도 확고해진다. 그래서 해 주고 싶은 말 또한 많아진다. 도와주고 싶어서, 안타까운 마음에, 바로잡아 주고 싶어서, 함께 기뻐해 주고 싶어서… 여러 가지 이유로 젊은이들에게 가르침을 주려고 한다.

하지만 노인의 가르침이 현재를 살아가는 젊은이들에게 정말로 영양가가 있을까? 과거에는 노인의 지식이 귀하게 여겨졌다. 노인 한 사람이 죽는 건 도서관 하나가 불타 사라지는 것과 같다는 말이 통용될 정도였다. 경험을 통해서만 정보를 축적하던 시절에는 그랬다. 하지만 요즘 젊은이들은 하루에도 어마어마한 양의 정보를 흡수하면서 산다. 스마트폰을 이용해서 갖가지 언어를 해석하고, 전 세계에서 쏟아지는 영상물을 소비한다. 그동안 쌓인 정보량이 어마어마해서 '빅데이터 분석가'라는 새로운 직업이 등장했고, '인간은 정보의 쓰레기통에 불과하다'는 자조 섞인 분석이 나올 지경이다. 이런 세상이니, 아무리 소중한 경험이라도 그들이 살아가는 세상에는 적합하지 않을 수밖에 없다.

나는 손자 손녀에게 내 어릴 적 이야기를 써서 이메일로 보내곤 했다. 어떻게든 그들과 소통해 보고 싶은 내 나름의 노력이었다. 아이들은 짧은 댓글을 답장으로 보내왔는데, 종합해 보면 세 가지 반응으로 나뉜다.

"할아버지, 바보 같아요."

"할아버지, 순진해요."

"할아버지, 무슨 말인지 이해가 안 돼요."

요즘 아이들은 내 어릴 적보다 훨씬 교육도 많이 받아 똑똑하고 세상 물정에도 밝으니, 바보 같다거나 순진하다는 반응은 어느 정도 이해가 됐다. 하지만 무슨 말인지 모르겠다는 대목에서는 나 역시 멍멍해졌다. 내 글이 어려워서가 아니라 사고방식이 너무 달라서 사건 자체를 아예 이해하지 못했다. 60년이라는 시간은 세상을 완전히 바꿔 놓기에 충분했다. 그러니 전혀 다른 세상에서 살아가는 아이들에게 내 경험이 과연 얼마만큼이나 값어치가 있을까.

그렇다면 결국 나이 들면 말문을 닫으라는 이야기가 아니냐며 반문하는 이들도 있을 테다. 그렇다. 우선 말을 줄이고, 이야기를 들어야 한다. 소통하려면 공통분모가 필요하다. 그리고 공통분모가 넓을수록 대화는 깊어진다. 나이 든 자들과 젊은이들 가운데 공통분모를 만들기에 유리한 사람이 누구일까? 과거와 현재를 모두 경험한 나이 든 자들이다. 젊은이들의 경험을 노인들이 먼저 이해할 필요가 있다. 젊은이들의 생각에 귀를 기울여야 한다. 현시대를 젊은이들처럼 깊숙이 들어가 체험하지는 못하더라도, 무엇이 다른지는 알아야 한다. 잘 모르겠다면 다르다는 사실 정도는 인정해야 한다.

남의 이야기를 듣는다는 것은 결코 수동적인 태도가 아니다. 정신분석 용어 중에 '해제 반응(解除反應)'이란 게 있는데,

무의식 속에 억압되어 있던 고통스러운 경험을 상기하거나 재연해서 억압된 감정을 방출하고 긴장감에서 해방되는 것을 뜻한다. 즉 잘 들어 주면 마음속 갈등이 스스로 해소된다. 그래서 정신건강의학과 의사의 가장 중요한 역할이 듣는 일이다.

요즘 젊은이들이 살아가는 세상은 우리 때와 다르게 혹독하다. 입학, 취업, 결혼, 육아 무엇 하나 쉽게 흘러가지 않는다. 사는 내내 극한의 경쟁 체제를 감내해 왔기에 한 번도 평안한 시기를 보내지 못했고, 자존감마저 크게 상처를 입었다. 어느 세대보다 열심히 살았지만 아무런 미래를 보장받지 못했고, 이전 세대보다 가난하게 살아갈 확률이 다분한 그들. 그들의 가슴에 얼마나 큰 응어리가 맺혔을까. 어쩌면 나이 든 자들이 젊은이들에게 주어야 할 것은 가르침이 아니라 경청일지 모른다. 따뜻한 공감과 든든한 연대일지도 모른다.

나는 외할머니와 언제나 말이 잘 통했다. 외할머니는 성품도 인자하셨고, 남녀가 유별한 시대에 사셨음에도 열린 사고를 지니셨다. 그래서 대학생이 된 이후에도 세상사를 두고 이런저런 이야기를 나누곤 했다. 외할머니의 진취적인 사고방식이 멋있어 보였기에, 나도 나이가 들면 외할머니처럼 늙고 싶다고 꿈꾸기도 했다. 그런데 돌이켜 곰곰 생각해 보니, 내가 외할머니와 대화를 자주 나누었던 이유는 정작 따로 있었다. 늘 온화하게 웃으시며 내가 하는 말에 맞장구쳐 주셨기에 자꾸만 이야기를 풀어놓았던 것이다.

　나이가 들어 외할머니를 다시 떠올려 본다. 나는 외할머니처럼 나이 들어 가고 있는가. 젊은이와 대화할 때 한 번은 꼭 떠올려야 할 물음이다.

당신은 어떤 사람으로
기억되고 싶은가

우정에 대하여

한창 일에 몰두해야 하는 젊은 시절에는 사람을 만나는 것도 일처럼 여겨지는 법이다. 마음이 잘 맞고 좋아하는 사람들만 곁에 두고 살면 좋으련만, 먹고살려니 싫은 사람도 만나야 하고 윗사람에게 머리도 조아려야 한다. 더욱이 나에게 청탁하러 찾아오는 사람까지 만나야 할 땐, 모든 걸 내려놓고 산속에 들어가 아예 혼자 살고 싶다는 생각이 들기까지 했다.

그러다 은퇴를 하니 가장 좋은 점이 하기 싫은 일은 안 해도 된다는 것이었다. 좋아하는 사람과 재미있는 일에만 집중해도 뭐라고 할 사람이 없으니 속이 다 시원했다. 나는 떠오르는 사람이 있으면 주저하지 않고 전화를 걸었고, 꼭 친분이 없어도 적임자라고 생각하면 그에게 일을 부탁했다. 내가 은퇴를 하고도 활발히 연구와 봉사를 이어갈 수 있었던 데에는 내 주변에 있는 마음씨 좋은 사람들의 역할이 컸다. 그들과 함께 일을 도모하는 재미가 없었다면 내 노후는 훨씬 외롭고 쓸쓸했으리라.

하지만 이것도 체력이 어느 정도 뒷받침됐을 때나 누릴 수 있는 호사다. 아흔이 된 지금, 이제는 기력이 달리고 번거롭게 느껴져 예전만큼 사람 만나기를 즐기지 못한다. 또 만날 사람도 확연히 줄었다. 이미 많은 이가 세상을 떠났고, 살아 있는 이들도 건강상의 이유로 자유롭게 거동하지 못하기 때문이다. 나이 든 사람들 사이에는 갑자기 연락이 두절되는 경우도 흔하다. 그러다 어느 날 부고장이 날아오면 그보다 가슴 아픈 일이 없다.

2014년 겨울 어느 날, 슬픈 부고장이 도착했다. 그때 나는 네팔에 있었다. 1982년 마칼루 학술원정단의 학술 요원으로 처음 히말라야를 찾은 나는 그것을 인연 삼아 네팔 의료 봉사를 시작했다. 그 봉사가 무려 35년 넘게 이어지면서 지금까지 매년 네팔을 방문하고 있다. 그런데 2014년의 네팔 방문은 기쁜 일이 겹쳐서 더욱 특별했다. 하나는 1994년부터 의료봉사에 참여했던 세 명의 학생이 봉사 20주년을 맞아 그들의 가족을 이끌고 네팔을 찾은 것이고, 다른 하나는 오랫동안 사귀어 온 네팔의 문학가, 화가, 음악가 친구들이 나를 위해 출판 기념회를 열어 준 일이다. 그 연유는 내가 네팔 민주주의를 위해 평생을 헌신한 작가 다이아몬드 라나의 소설《화이트 타이거》를 번역해 한국에서 출간했기 때문이다.

기쁜 일이 동시에 일어났으니, 내 가슴은 어린애처럼 쿵쿵 뛰었다. 우리 내외는 아들과 손녀를 데리고 출판 기념회에 참석했다. 그런데 히말라야 산중에서도 와이파이가 팡팡 터지니, 손녀는 행사 중에도 스마트폰을 손에서 떼지 못했다. 휴대폰이 없는 나는 혹시라도 급한 연락이 오지는 않았나 하는 마음에 손녀의 스마트폰을 빌려 메일을 열어 보았다. 그런데 메일 목록에 [전달. 부음]이라는 제목이 뜨는 게 아닌가. 불안했다. 하지만 지금 열어 본들 문상을 갈 수도 없었다. 나는 귀국해서 보기로 마음을 먹고 창을 닫으려고 했는데, 그만 실수로 메일이 열리고 말았다. 순간 나는 얼이 빠졌다. 친한 친구의 부고였기 때문이다.

'봄이 왔건만 봄 같지 않다(春來不似春)'라는 말이 있다. 그때 내 심정이 딱 그랬다. 네팔에서 벌어지는 모든 일이 기쁘기 그지없건만, 내 마음은 너무도 무거웠다. 행사가 진행 중이어서 가족에게도 말하지 못한 채 혼자서 충격을 새겨야만 했던 당시의 심정이 아직도 고스란히 느껴진다.

그 친구의 이름은 박도일이다. 중학교 2학년 때 처음 만났으니 65년 넘게 이어져 온 우정이다. 그는 또래보다 조숙했고 아는 것이 많았다. 까까머리 중학생 시절 그의 주도하에 독서회가 결성되었는데, 우리는 일주일에 한 번 모여 앉아서 문학 서적을 읽고 축음기에 LP판을 돌려 가며 음악을 들었다. 그는 당시 유행하던 알베르 카뮈의 책을 좋아해 우리에게 자주 읽어 주었고, 어려운 교향곡도 유창하게 해설해 주었다. 내가 시와 그림을 즐기는 예술적 취향을 다지게 된 바탕에는 박도일이라는 친구와의 교류가 있었다.

한 번은 도일이가 약을 먹고 자살을 시도한 일이 있었다. 급보를 받고 모여든 독서회 친구들 사이에서 엉뚱한 격론이 벌어졌다. 지금은 유명한 문학가가 된 한 친구가 주장했다. 자살도 도일이의 선택이라면 이를 존중해 주어야 한다는 것이다. 생명이 오락가락하는 이른바 '골든타임'에 벌어진 철학적 토론이라니, 한창 감수성이 예민하고 지적인 동경이 충만한 중2 시절이라 그랬을 것이다. 어쨌든 나는 자의인지 타의인지는 본인에게 직접 물어봐야 아는데, 그것을 알려면 일단 살리고 봐야 한다는 절충안을 제시했고, 내 주장이 다수의 표를 얻어 도일이는 무사히(?) 생명을 건졌다.

인생에 대한 성숙한 사고와 고민을 안고 살던 도일이는 대학에서 철학을 공부했고, 세상과 자아 사이에서 끊임없이 번

143

민하면서도 자기답게 인생길을 뚜벅뚜벅 걸어갔다. 우리는 그가 죽기 2년 전까지만 해도 거의 매주 어울려 우동을 먹으면서 옛이야기를 늘어놓다 헤어지곤 했다. 중학교 때 외식이라면 우동밖에 없었기 때문에 그것을 추억 삼기 위해서였다. 그러던 것이 그가 죽기 1년 전인 2013년에는 이러저러한 이유로 약속이 미뤄져 한 번도 만나지 못했다. 서로 소식은 주고받았지만 얼굴은 보지 못했다. 이렇게 영영 헤어질 줄 알았다면 어떡해서든 마지막으로 그의 얼굴을 보러 달려갔을 텐데…. 가슴을 쳐 보지만 부질없는 후회일 뿐이다.

사람이 '살아 있다'는 건 어떤 뜻일까. 심장이 멈추고 숨이 멎으면 생물학적인 죽음이 분명하다. 그러나 그를 기억하고 추억하는 사람이 있는 한, 그는 아직 정신적으로 '살아 있다'고 보아도 되지 않을까. 도일이는 분명 죽었지만 내 기억 속에서 그는 여전히 생생히 살아 있다. 그것도 섬세하고 예술에 대한 열정이 넘치는 청년의 모습으로…. 내 평생 그로부터 얼마나 좋은 자극을 받고, 소중한 추억을 얻었는지를 말로 다 설명하기 힘들다. 그를 친구로 둔 것이 내게는 얼마나 큰 행운이었던가. 이제는 하늘로 먼저 떠난 친구를 향해 혼잣말을 되뇔 뿐이다.

"자네를 만나서 내 인생이 참 행복했네."

나는 진정한 묘비명은 비석에 새겨지는 게 아니라고 믿는다. 죽음을 앞둔 어떤 사람들은 훗날 자신의 존재가 잊힐까 봐 두려워 묘비명에 생전의 직함이나 시구, 명문장을 새기려고 한다. 하지만 그가 남기고 싶다고 하여 남겨지겠는가. 돌에 굳건히 새긴들 영원히 기억되겠는가. 우리가 세상에 남길 수 있는 진정한 흔적은 사랑하고 아끼는 사람들의 가슴에 남기는 좋은 기억뿐이다. 내가 죽은 후에 누군가가 나로 인해 사는 게 조금은 행복했었다고 말해 준다면, 그보다 값진 인생이 또 있겠는가.

오늘도 우리는 타인의 가슴에 기억을 새기며 살고 있다. 나는 당신에게 묻고 싶다. 당신은 어떤 사람으로 기억되기를 바라는가. 누군가의 행복에 기여하는 존재로 살아가고 있는가. 이 질문을 염두에 둔다면 오늘을 살아가는 태도가 달라질 것이다.

3장

내가 불합리하고
우스꽝스러운 인생 앞에서
웃을 수 있는 이유

-일상을 대하는 태도

하고 싶은 말을 솔직담백하게 표현하고,
상대의 말을 가감 없이 들을 때 비로소 우리는 관계 속에서 편안해진다.
그리고 소중한 인간관계야말로 인생을 풍요롭게 만드는 제1의 요소다.

화내는 것도 습관이다

분노에 대하여

2018년 여름은 더위의 기세가 대단했다. 뙤약볕에 5분만 나가 있어도 머리가 어질어질했다. 에어컨을 빵빵하게 틀어 놓아도 연구실의 큰 창문으로 들어오는 열기를 멈추기엔 역부족이었다. 매일 연구실에 출근했지만 그저 멍하니 앉아 있는 시간이 길었다. 가만히 있어도 줄줄 흐르는 땀을 닦다가 정 힘들면 미지근한 물로 샤워를 했다. 그렇게 퇴근 무렵까지 버틸 생기를 얻었다. 그러던 어느 날 딸이 말했다.

"아빠, 샤워하세요. 매일! 아빠 몸에서 냄새난대."

이게 무슨 소린가. 나름대로 더위를 이기기 위해 자주 샤워를 하는데도 냄새가 난다니. 딸은 사위에게서 들은 이야기를 전하는 게 틀림없었다. 내 연구실은 사위의 직장으로 가는 길목에 있다. 그래서 걷기 힘든 한여름과 한겨울에는 사위가 우리 부부를 연구실까지 태워다 주었다. 그러니 내 몸 냄새를 가까이에서 맡을 기회가 잦았다.

솔직히 그 말을 들은 순간 기분이 나빴다. 내 몸에서 냄새가 난다고 딸에게 불평했나? 왜 나한테 직접 얘기하지 않았을까? 혹시 우리 부부를 태워다 주는 게 번거롭고 불쾌했나? 그래서 그간 쌓인 불만을 한꺼번에 터뜨리는 건가? 사위가 나를 싫어하나? 나를 노인이라고 무시하나? 생각은 꼬리에 꼬리를 물고 이상한 쪽으로 흘러갔다. 그때 불현듯 며칠 전에 만난 선배 교수님의 일화가 떠올랐다.

나는 우리 집 근처에 있는 선배 교수님의 연구실을 자주 찾았다. 함께 식사하고 차 한 잔 마시며 이야기 나누는 시간이 내게는 풍요로웠다. 하루는 점심을 함께하고 늘 가던 찻집으로 발길을 옮기는데, 선배님이 다른 곳으로 가자고 나를 이끌었다. 자주 가던 그곳도 괜찮은데 왜 다른 곳으로 가시느냐고 묻는 내게 선배님은 대답했다.

"이 교수, 저 카페 직원이 나보고 송장 냄새난대."

선배님은 자기 몸 관리에 소홀한 분이 아니다. 몸도 마음도 깔끔한 분이다. 그런 선배님이 왜 그런 말을 들었을까. 나는 선배님이 오해를 했다고 확신했다. 아마 카페에서 작은 말다툼이 있었거나 직원이 불친절한 행동을 보였는데, 선배님께서 그것을 곡해해서 들으셨을 것이다. 그러지 않고서야 어느 누가 단골손님에게 그런 막말을 하겠는가.

그렇다고 해도 나는 한편으로 선배님의 마음을 이해했다. 나이가 들면 감정적으로 위축된다. 우리 사회에서 노인에 대한 인식은 좋은 쪽보다 나쁜 쪽에 훨씬 기울어져 있다. 그래서 나이가 들수록 사람들은 은연중에 자기 검열을 하게 된다. 내가 지금 이런 부탁을 해도 될까? 하기 싫은 일을 나이 많다는 이유로 억지로 해 주는 건 아닐까? 혹시 지금 폐를 끼치는 건 아닐까…? 이런 생각이 행동을 위축시키고 말도 거르게 한다. 나이 든 사람들이 하고 싶은 얘기를 솔직담백하게 표현하기란 생각보다 쉽지 않다.

그런데 이런 자기 검열이 예의를 지키는 행동으로 이어지기도 하지만, 분노로 연결되기도 한다. 젊은이들이 조금만 불친절해도 늙은이라서 무시한다며 그 의도를 제멋대로 해석하고 크게 노여워한다. 자식들끼리 외식을 나가면 일부러 자기를 빼놓았다고 야속해하고, 어디서 이상한 냄새가 난다고 하면 자기를 쫓아내려고 일부러 하는 말이라고 꼬아서 듣는다. 이른바 '심술궂은 늙은이'가 되는 것이다.

나이 들어 화가 늘었다면 그 이유를 잘 생각해 봐야 한다. '나를 화나게 한 그 사건'이 문제가 아니라, '그 사건에 대한 내 해석'이 문제일 수 있기 때문이다. 그렇다면 그 고리를 끊어야 한다. 사건과 거기서 느낀 감정을 분리해서 받아들여야 한다. 한마디로 사건에 대한 '팩트 체크'가 필요하다.

내 경우로 돌아가 보자. 팩트는 '사위가 내 몸에서 냄새가 난다는 사실을 딸에게 알렸다'이다. 나이가 들면 자연히 노인 특유의 냄새가 난다. 아무리 위생에 신경을 써도 노인은 스스로 그 냄새를 자각하기가 어려우므로 주변에서 알려 주면 고마워할 일이다. 특히 폭염이 기승을 부린 작년 같은 시기라면 더욱 그렇다. 그런데 나는 왜 분노가 일었는가? 나는 '내 몸에서 냄새가 나서 사위가 불쾌해했다'라고 사건을 해석했다. 그런데 사위가 불쾌해했나? 그랬을 수도 있지만, 그것은 온전히 냄새라는 감각적 차원의 불쾌일 것이다. 사위가 냄새 때문에 나를 인격적으로 무시했다거나, 원래 나를 싫어했다거나, 늙었다고 나를 무시한다거나 하는 것은 모두 내 해석일 뿐이다.

그렇다면 그 해석은 어디에서 비롯되었나? 바로 나이 듦에 대한 내 편견에서 비롯되었다. 나이 든 사람은 짐스럽다, 노인은 민폐를 끼친다, 나이 들어 봐야 좋은 거 하나 없다… 이런 색안경이 문제다. 색안경을 끼고 세상을 바라보니, 우선 나이 든 나 자신이 마음에 안 든다. 또 다른 사람의 말 한마디, 행동 하나가 전부 나를 무시하는 것 같아 화가 치민다.

정작 상대방은 전혀 그런 의도를 품지 않았기에 억울하다.

나이 들어 화가 늘어 봐야 자기 손해일 뿐이다. 안 그래도 외로워지기 쉬운 시기인데, 부적절한 화로 그나마 돈독하던 관계마저 잃어서야 되겠는가. 자꾸만 화날 일이 많아진다면, 자기 눈에 썬 색안경의 정체부터 파악해 볼 일이다. 그것은 나처럼 나이 듦에 대한 편견일 수도 있고, 오래전부터 존재했지만 아직 해결하지 못한 심리적인 문제일 수도 있다.

색안경을 벗고 보니 사위의 말이 고마웠다. 사위가 아니었다면 여름 내내 몸의 냄새를 몰랐을 테다. 그날 이후 나는 더 꼼꼼히 샴푸를 하고 비누칠을 한다. 향긋한 냄새에 내 기분도 좋아진다. 또 차를 타면 사위에게 물어본다.

"내 몸에서 아직도 냄새나니?"

그럼 사위도 편안하게 대답한다.

"아니요. 요즘은 냄새 안 나요."

하고 싶은 말을 솔직담백하게 표현하고, 상대의 말을 가감 없이 들을 때 비로소 우리는 관계 속에서 편안해진다. 그리고 소중한 인간관계야말로 인생을 풍요롭게 만드는 제1의 요소다. 그러니 습관적인 화로 사람을 잃기 전에 돌이켜 볼 일이다. 어떤 색안경이 당신의 삶과 관계를 갉아먹고 있는지를.

세상에 이해 못 할 일은
없는지도 모른다

공감에 대하여

나는 컴퓨터를 일찍 배웠다. 그 시작은 이화여자대학교 의
과대학 교수로 부임한 첫해인 1973년도였다. 당시 학교는
매년 전체 교수가 참여하는 연수회를 열고 여러 가지 프로그
램을 기획했는데, 그중에는 외부 강사를 초청해서 듣는 강의
도 있었다. 그때 초빙 강사가 한 말이 아직도 기억난다. 그는
대뜸 연단에 오르자마자 이렇게 말했다.

"교수님들, 여러분은 문맹자입니다."

나는 깜짝 놀랐다. 학생들에게 지식을 전수하는 일을 업으
로 삼은 사람들에게 문맹자라니…. 강의를 들으면서 이유를
알았다. 그는 우리나라 최초의 컴퓨터 회사 '삼보 컴퓨터'의

대표로, 앞으로 컴퓨터를 사용할 줄 모르면 문맹자나 다름없어진다는 주장을 펼치고 있었다. 또 그는 컴퓨터를 '정보의 바다'라고 표현했는데, 나는 단번에 그 말을 이해하지 못했다. 왜냐하면 당시 컴퓨터는 단순한 작업을 하려고 해도 복잡한 명령어를 입력해야 했기에, 정보는 고사하고 사용이 불편한 계산기처럼 보였을 뿐이다.

강의를 들은 뒤 얼마 지나지 않아 국제 학술 대회에 참가했다. 한 외국 교수로부터 명함을 받았는데, 자세히 들여다보니 학교 주소가 없었다. 내가 주소를 묻자, 그는 볼펜을 꺼내 명함에 밑줄을 그으며 말했다. "이게 제가 인터넷에서 사용하는 주소입니다." 그게 이메일 주소라는 것을 나중에야 알았다. 그 부끄러운 경험 후에 비로소 컴퓨터를 배워야겠다고 마음먹었다.

다행히 나는 기술 변화에 빠르게 적응한 축에 속했다. 컴퓨터에 익숙해지자 모든 강의에 선도적으로 컴퓨터를 활용했고, 수련의에게도 모든 자료를 컴퓨터로 제출하도록 했다. 정년 퇴임 전까지 컴퓨터를 제일 잘 쓰는 교수로 인정받았고, 퇴임하고 나서도 컴퓨터로 원고를 쓰고, 책도 편집하고, 그림을 그리는 등 컴퓨터는 가장 재미있는 놀잇감이 되어 주었다.

하지만 변화 앞에 너무 자만했던 걸까. 컴퓨터 실력만 믿던 내가 미처 따라가지 못한 변화가 있으니, 바로 스마트폰이다. 나는 컴퓨터만 있으면 웬만한 일은 능숙하게 해낼 수 있다고 판단했다. 그래서 핸드폰이 등장했을 때도 필요를 못 느꼈다. 학교나 집이나, 내가 가는 곳마다 늘 전화기가 있으므로, 핸드폰을 꼭 가질 필요가 없다고 생각했다. 핸드폰이 스마트폰으로 진화할 줄은 꿈에도 몰랐던 것이다.

그런데 스마트폰이 없으니 불편한 점이 한두 가지가 아니다. 연락이 안 되는 것은 부차적인 불편이다. 가장 어려운 것은 실명 인증이다. 주민등록번호 수집이 불법이 되고, 공인인증서가 사라진 요즘 내가 '이근후'임을 증명할 방법이 오직 스마트폰뿐이다. 스마트폰이 없으니 인증과 관련한 모든 업무가 불가했다. 결국 얼마 전 울며 겨자 먹기의 심정으로 아내의 핸드폰 명의를 내 것으로 바꾸어 사용하고 있다.

스마트폰에 호되게 당한 후로 나는 만나는 사람마다 죽기 살기의 마음으로 변화에 무조건 올라타라고 역설한다. 기술 변화가 무척 빠르고 예측도 쉽지 않다 보니, 그 흐름에서 한번 내려오면 다시 오르기가 너무도 어렵다. 요즘 논의되는 키오스크나 AI 사용 같은 이슈도 마찬가지다. 약자를 돕기 위한 대안도 사회적으로 마련돼야 하지만, 나이 든 사람들 스스로 그것에 적응하고자 애써야 한다. 한번 소외되면 열외된다. 변화의 에스컬레이터에서 내리지 말아야 하는 이유다.

기술 변화에 적응하기는 어렵지만 어쨌든 받아들여야 하는 일이라는 점에 많은 이들이 동의한다. 그러나 가치관의 변화는 기술의 변화와 다르게 쉽게 수용하지 못하는 사람들이 많다.

기성세대와 젊은 세대의 가치관 갈등이 어제오늘 일은 아니다. 현재도 개인주의적이고 권리에 대한 감수성이 높은, 소위 MZ라도 불리는 젊은이들의 사고방식이 사람들 입에 자주 오르내린다. 특히 직장에서 그들을 이끌어야 하는 상사들이 고생이 많다고들 한다. 때로는 젊은 세대의 가치관 붕괴를 걱정하며 나에게 의견을 구하는 사람들도 있다. 젊은이들이 너무 이기적이고 책임감이 부족하다면서 말이다.

그러나 나는 그런 말에 동조하지 않는 편이다. '젊은이들이 왜 저럴까?'라는 물음에는 그들을 자기와 '다른' 인간으로 못 박고 대상화하는 시선이 깔려 있다. 그러나 나는 인간이라면 기본적으로 비슷한 욕구를 가진다고 믿는다. 먹고 자고 꿈꾸고 사랑하고, 인정받고 싶고, 의미를 추구하는 등 세대와 국경을 막론하고 인간이라서 충족되길 바라는 기본적이고도 공통적인 욕구가 있다.

다만 다른 것은 개인의 타고난 기질과 그가 태어난 시대적, 공간적 환경이다. 따라서 한 사람의 가치관은 인간적 욕구와 타고난 기질이 환경과 상호 작용하는 과정에서 형성된

독특한 산물이다. 불가침의 영역이 아니라는 뜻이다.

언젠가 아들이 집 밖으로 나가지 않아 걱정이라는 어느 어머니를 만났다. 그녀는 아들이 집에서 컴퓨터만 하고 사람을 통 안 만나니, 앞으로 사회생활이나 제대로 할 수 있겠느냐고 걱정했다. 얘기를 들어 보니, 아들은 온라인에서 물건을 파는 일을 했다. 또 온라인상에 숱한 친구들이 있었다. 평생을 오프라인에서 사람을 상대하며 살아 온 어머니에게 아들은 은둔형 외톨이처럼 보였다. 하지만 아들은 그와 반대로 온라인이라는 환경에 적응해 사람들과 관계를 맺고, 우정을 쌓고, 생업을 해결했다. 다만 그 방식이 어머니의 살아 온 방식과 가치관에 부합하지 않을 뿐이다.

그래서 나는 가치관의 변화도 일단 수용하고 보라고 조언한다. 기술 변화에 가타부타 의견을 보태지 않고 일단 받아들이듯이, 가치관의 변화도 우선 수용해야 한다. 공감이 안 되고, 이해가 안 간다고 해서 부정할 문제가 아니다. 기술이 발전하고, 욕구를 분출하는 방식이 바뀌고, 생각이 새로워지고, 제도가 달라진다. 이렇듯 변화는 도도히 흘러가는 강물처럼 결코 멈추거나 역행하지 않는다. 자기 마음에 들고, 안 들고의 문제가 아니라는 뜻이다.

그리고 시간을 내서 침착하게 생각해 보자. 젊은이들의 생경한 사고와 행동에도 인간 고유의 욕구가 숨어 있다. 그것을 보려고 한다면 세상에 이해 못 할 인간의 행동은 없다.

언젠가 미국에서 학업을 마치고 돌아온 손자가 말했다.
"할아버지, 요즘엔 여성의 결혼 여부와 상관없이 Ms.(미즈)라고 불러요. 남자 여자 모두 통합해서 Mx.(믹스)라고도 불러요."

언뜻 이해를 못 했다. 유전자가 섞였다는 뜻인가?
"그게 아니라 당사자가 남성도 여성도 아닌 제3의 성으로 구분되길 원해서 쓰는 거예요."

아흔에 이른 내가 이 개념을 손쉽게 이해하길 바란다면 욕심일 것이다. 내가 젊었을 때 받은 교육에서 남성도 여성도 아닌 성 정체감은 치료 대상이었다. 그러나 지금은 젠더를 스스로 정의하는 세상이다. 이럴 때도 내 대응 원칙은 무조건 수용, 그리고 생각, 그리고 이해다.

누구나 마음속에는 자기 자신으로 불리고 이해받기를 바라는 욕구가 있다. 그것을 억압하는 세상에서 얼마나 많은 사람이 상처 입고 비뚤어진 방식으로 욕구를 표출하며 자기 파괴의 길로 갈 수밖에 없었던가. 내가 치료실에서 만난 많은 얼굴이 떠올랐다. 그제야 나는 이해할 수 있었다. 왜 Mx.라는 용어가 떠올랐는지를 말이다.

끊임없이 변화하는 세상에서 우리는 자주 갈등을 경험한

다. 때로는 '어떻게 그럴 수 있지? 도대체 이해가 안 되네' 하는 감정에 이르기도 한다. 그러나 상대를 나와 같은 사람이자 공동체의 어엿한 일원으로 바라보면, 그 생각을 존중할 수는 있다. 비록 공감이 안 되고, 이해는 멀지라도, 그냥 있는 그대로 인정할 수는 있다는 말이다. 앞으로는 다양성이 더욱 확장된 세상이 될 것이다. 그럴수록 수용의 태도는 꼭 필요하다. 그것이 공감과 이해의 첫걸음이기 때문이다.

더 건강해지겠다는 욕심은
일찍 버린다

몸에 대하여

언젠가 선배 교수님의 병문안을 갔다. 일찍이 유학을 마치고 20대에 교수가 된, 아주 능력이 뛰어난 분이었다. 그러나 정년 퇴임 후 서서히 치매가 진행되더니 결국 거동도 못 하고 집에만 머무르시게 되었다. 오랜만에 뵌 선배님은 그저 아이 같은 미소만 지을 뿐이었다. 내가 누구인지 아느냐는 다그침에도 천진한 웃음만 보였다. 한글로 이름 석 자도 쓰지 못했다. 영어로 유창하게 학생들을 가르쳤던 선배님은 어디로 가 버렸나. 마음이 아주 편치 않았다. 더군다나 사모님은 평소에는 화도 잘 안 내시던 선배님이 폭력적으로 변했다고 말씀하셨다. 그 폭력은 누구도 감당할 수 없을 정도라고 하소연하셨다.

남은 인생에서 두려운 대상이 있다면 죽음과 치매다. 스스로 통제할 수 없는 지경에 이르러 사랑하는 사람들을 괴롭게 하는 상황은 떠올리기만 해도 암울하다. 그러나 두려워도 어쩔 수 없다. 오래 사용한 몸에 찾아오는 병을 100퍼센트 피할 방법은 없다. 그저 조심하면서 관리하는 수밖에 다른 도리가 없다.

나이가 들면 건강은 나빠진다. 자연스러운 일이다. 건강이 좋아져도 순간적으로 나타나는 호전일 뿐, 전반적으로는 하향 곡선을 그린다. 의학 용어 가운데 '비가역적'이라는 말이 있다. 되돌릴 수 없다는 뜻이다. 지나간 시간을 다시 되돌릴 수 없듯이, 어떤 치료를 하더라도 신체의 복구 불가능한 기능 상실을 두고 하는 말이다. 그런데 우리의 몸 자체는 크게 보아서 비가역적이다. 서서히 몸의 기능이 퇴화하다가 언젠가는 기능을 전부 상실한다. 이런 흐름을 거스른 인간은 한 명도 없다.

그렇기에 건강하지 못할 미래를 막연히 두려워하거나, 인정하지 않으면 본인만 괴로울 뿐이다. 결국 나이 들수록 병의 가짓수는 늘어날 것이다. 왜 관리를 잘 못했느냐고 스스로 비난할 일이 아니다. 어차피 죽을 때까지 따라오는 병이라면 병과 함께 사이좋게 지내는 방법을 터득하는 편이 낫다.

앞서 밝혔듯이 나는 일곱 가지 병을 앓고 있다. 중증 시각 장애, 당뇨, 고혈압, 관상동맥협착, 담석, 통풍, 허리디스크가 그것이다. 왼눈은 수술했지만 결과적으로 실명이 됐고, 심장 과 허리디스크는 수술이 잘 되어 정기적인 검진으로 이상 여부만 확인하면 된다. 내가 유독 신경을 쓰는 병은 당뇨와 고혈압이다. 당뇨와 고혈압은 만성 질환이다. 꾸준한 관리가 필요한 질병이다. 처음에 당뇨 진단을 받았을 때는 어지간히 신경이 쓰이는 게 아니었다. 허리디스크를 치료하기 위해 복용한 약의 부작용으로 얻게 된 병임에도 영 찜찜하고 불편했다. 그래서 어떻게든 호전시켜 보려고 애를 썼다. 식단도 조절하고, 과식한 날엔 걷기 운동을 오래 했다. 동대문 병원에서 일할 때여서 광화문에서 종로 일대를 안 돌아다닌 날이 없었다. 하지만 그런 노력은 지속하기가 힘들었다. 결국 나는 당뇨를 해결해야 할 문제가 아닌, 함께 살아가야 하는 친구로 받아들이기로 했다. 쫓아내려고 애쓸 게 아니라 조절하는 데 힘쓰기로 마음을 바꿨다.

만성질환을 다스리기 위해 나는 두 가지 원칙을 세웠다. 첫째, 주치의를 믿고 따른다. 나는 지금도 주치의의 처방에 따라 때 되면 꼬박꼬박 약을 먹지만, 그게 무슨 약인지 모른다. 주치의에게 물어보지도 않았다. 다만 그에게 불편한 점을 얘기할 뿐이다. 의사라고 해서 이것저것 관심을 가져 봐야 머리만 복잡해지고, 마음은 불안해진다. 어차피 죽을 때까지 관리해야 하는 병이라면 어느 정도 둔감해지는 편이 낫다. 그래야 병을 오래 다스릴 힘이 생긴다. 둘째, 좋은 것을 먹기보다는 해로운 짓을 안 한다. 병을 앓는다는 이야기를 들은 지인들은 각종 약과 민간요법을 권했다. 몇 가지를 따라해 보기도 했지만, 효과가 있었는지는 의문이다. 오히려 해야 할 일이 늘어서 더 피곤해지기만 했다. 차라리 술이나 담배, 불규칙한 생활 등 병을 키우는 행동만 피하기로 마음먹었다. 그 정도는 꾸준히 지킬 수 있을 것 같았다.

그렇게 만성질환을 관리한 지가 벌써 30년이 훌쩍 넘었다. 하루에 한 번 혈압을 재고 당뇨 수치를 체크해서 적은 노트가 40권이 넘는다. 만약 병을 이기겠다는 일념이었다면 이미 예전에 좌절하고 나가떨어졌을지도 모른다. 반대로 무리하지 않는 선에서 병을 다스리겠다고 결심하니 꾸준한 관리가 가능했다. 오래 쓴 몸인데 병이 깃들지 않기를 바랄 순 없다. 하나의 병을 치료하다가 다른 병에 걸리기도 하는 게 현실이다. 그러므로 완벽하게 건강한 상태를 목표로 삼지 않는 게 정신 건강에 좋다. 그리고 병 하나둘쯤 앓는다고 불행해지는 것도 아니다. 잘 조절할 수만 있다면 병을 안고도 충분히 만족스럽게 살아갈 수 있다.

나는 예전에는 치매에 걸리더라도 시설에 입소하기보다

는 간병인과 함께 집에 머무르기를 바랐다. 노인 시설이 열악했을 때의 이야기다. 그러나 나이가 들고 치매 환자를 집에서 모시는 가정의 사례를 접할수록 요양원으로 가는 편이 낫겠다는 쪽으로 생각이 기울었다. 치매 걸린 부모를 날마다 지켜봐야 하는 자녀들의 고통이 만만치 않고, 요즘은 요양원의 시설이나 인력의 수준이 상당히 높아졌기 때문이다. 나는 언젠가부터 요양원에 들르게 되면 내부 시설과 프로그램을 꼼꼼히 살피게 되었다. 아직 치매는 다가오지 않은 현실이기에 앞서 걱정할 필요는 없지만, 나라고 해서 비켜 갈 일이 아닌 생각이 들면 불안하다. 그런 불안을 현실의 대안을 미리 들여다봄으로써 달래는 것이다.

앞으로 몇 년 후엔 지금보다 더 많은 병을 끌어안고 살아가게 될지도 모른다. 노쇠해져 가는 미래가 두렵고 불안하다. 그러나 불안에 떨어 봐야 어찌할 것인가. 불안은 더 큰 불안을 낳을 뿐이다. 차라리 병을 인정하고, 고약한 친구쯤으로 받아들이고, 병을 다스릴 방안을 찾는 편이 생산적이다. 이때 병을 이겨 보겠다고 애쓰지 않는 자세를 갖추면 더 좋다. 한 번에 욕심을 내지 말고, 꾸준히 관리하겠다는 마음을 가져야 병에 지치지 않는다. 이게 일곱 가지 병과 더불어 35년 넘게 살아 온 내가 당신에게 해 주고 싶은 조언이다.

나이가 들면 혼자보다는
함께하는 습관을 들인다

외로움에 대하여

춘천에 '불편한 오두막'이 한 채 있다. 우선 마을버스가 하루에 딱 세 번 들어오는 산골짜기에 있어서 찾아가기가 영 불편하다. 또 펑펑 쏟아지는 뜨거운 물이 없으니 샤워가 불가능하다. 정 씻고 싶다면 개울가에 나가 수건에 찬물을 적셔 대충 훔쳐야 한다. 그뿐만이 아니다. 취사 시설도 변변치 않고 세제를 이용한 설거지는 금지다. 고구마나 감자를 쪄 먹는 등 간단하게 식사하는 게 좋다. 화장실은 야외에 있는데, 볼일을 보고 나면 재와 톱밥을 뿌려서 천연 거름을 만든다. 한마디로 좀 깨끗한 푸세식 화장실이다. 주변에 가게도 없고, 텔레비전과 라디오도 없다.

이곳을 만든 이는 소설가이자 환경 운동가인 최성각을 비롯한 풀꽃평화연구소 식구들이다. 별생각 없이 너무 많은 자원을 낭비하며 사는 삶을 되돌아보자는 취지에서 지었다. 그런데 이곳을 찾는 민박객들은 사소한 불편들을 감내하는 동안 뜻밖의 선물을 얻어 간다. 새소리, 개울물 흘러가는 소리, 온갖 풀벌레와 날벌레들, 개망초와 원추리 같은 풀꽃들, 깊은 밤 반짝이는 별빛, 도시에서 누리기 힘든 여유와 고요 등이다.

나는 1999년 최성각 선생이 환경 단체 '풀꽃세상'을 창립할 때 그와 인연을 맺었다. 그러다가 그가 춘천으로 거처를 옮기고 나서 '불편한 오두막'을 지었다는 소식을 듣고 아들 식구와 찾아가 하룻밤을 묵었다. 과연 소설가의 낭만이 스며든 탓인지 아늑하고 포근한 집이었다. 돌아온 후에도 여행의 여운이 좀체 가시지 않던 어느 가을날, 나는 '불편한 오두막'에 예약 메일을 보냈다. 80대 한 명, 70대 한 명, 60대 한 명이 찾아가겠다고 하니, 이런 답장이 왔다.

'노인 세 분이 오시는군요.'

나는 이렇게 회신을 보냈다.

'노인이 아니고요. 노인 안에 사는 철든 소년 셋이서 찾아갑니다.'

나를 뺀 나머지 철든 소년 두 명은 이렇다. 한 사람은 고려

사이버대학교 문화학과에서 만난 선배 박종락 씨. 나보다 나이는 적지만 학번이 높아서 깍듯이 선배로 모시고 있다. 고성에 사는 그는 부지런하고 지역 문화에 대한 애착이 강해서 지역 사회 발전을 위해 헌신하는 분이다. 다른 한 사람은《나는 죽을 때까지 재미있게 살고 싶다》의 독자로 만나 친분을 쌓게 된 반을석 씨. 꼼꼼히 메모한 책을 들고 온 그와 인생을 주제로 여러 차례 토론을 했더랬다. 오랫동안 해외에서 근무하다가 퇴직 후 고국으로 돌아와 지금은 부인과 함께 잔잔하게 삶을 펼치고 있다.

우리 셋은 2015년 네팔을 함께 여행한 뒤부터 본격적으로 어울리게 되었다. '하루를 살아도 나답게, 재미있게 살고 싶다'는 소망을 간직한 우리는 이른바 '건수'를 만들어 서로에게 함께하기를 권했다. 인생에 대한 호기심과 설렘을 잃고 싶지 않기에 우리끼리 서로를 소년이라 부르며 키득거렸다. 철들지 않은 소년이라면 주변에서 꽤 난감해할 테니, 철든 소년이 되자면서.

우리는 춘천을 거쳐 고성에 이르는 2박 3일 여행 코스를 짜고, 춘천역에서 만났다. 여행 경비는 젊은이들 방식을 따라서 더치페이다. 익숙하진 않지만 흉내 내는 일 자체가 또 하나의 재미다. 첫 번째 코스로 최성각 선생에게 소개받은 닭갈비 집에 들렀다. 그런데 주인이 마음에 들었다. 더 달란 말도 안 했는데, 밑반찬이 떨어질 기미가 보이면 날쌔게 새 반찬을 가져다주었다. 손님에 대한 따뜻한 배려가 느껴져서 고마웠다. 벽에는 전국 어디나 배달이 된다고 적혀 있었다. 마침 고성에 사는 지인이 노인 요양사 자격증을 따고 인근 요양원에서 봉사하고 있었다. 나는 주인에게 닭갈비 5인분을 그가 일하는 요양원으로 배달해 달라고 주문했다. 받는 분이 깜짝 놀랐으면 하는 선물이자, 마음씨 좋은 주인에 대한 답례였다.

저녁이 되어서 '불편한 오두막'에 도착한 우리는 밤이 깊도록 주인장과 어울렸다. 일상에서 벗어나 누리는 즐거움이 이런 것일까. 밤하늘의 별을 세면서 우리는 소년처럼 노닥거렸다. '이 오두막은 시(詩)로 지은 집입니다'라는 주인장의 글귀처럼 그날 밤이 한 편의 시처럼 아름다웠다.

다음 날, 고성으로 가는 길에 속초에 있는 우리나라 최초의 국립산악박물관에 들렀다. 관장의 안내로 여러 곳을 둘러보았다. 잘 꾸며진 공간이었다. 하지만 외국의 등산 박물관에는 당대의 등반가들이 사용하던 손때 묻은 유물이나 기록을 많이 볼 수 있는데, 등산 역사가 일천한 우리나라 박물관엔 그런 유물이 별로 없어 아쉬웠다. 나는 관장에게 내가 가진 자료 몇 점을 기증해도 되겠느냐고 물었다. 가치가 큰 것은 아니었다. 1982년에 에베레스트 최초 등반가인 에드먼드

힐러리 경과 찍은 사진, 힐러리 경이 한국 마칼루 학술원정대를 위해 써 준 사인, 1988년 남선우가 단독 등정에 성공하고 기념으로 가져온 에베레스트 정상의 돌, 네팔 셰르파 앙 돌지가 선물한 쿰부 지역의 에델바이스 등 네 점이다. 하지만 등반가들의 유품을 수집하는 출발점이 되었으면 하는 마음을 관장은 흔쾌히 받아 주었다.

2박 3일의 여행을 마치고 집으로 돌아오는 버스 안, 닭갈비를 받은 고성의 지인에게서 감사의 문자가 왔다. 그러나 정작 감사한 사람은 나다. 내 주변에 고마운 사람들이 없었다면 2박 3일간 이토록 즐거울 수 있었을까. 최성각 선생 덕분에 자연이 주는 즐거움을 마음껏 누렸고, 철든 소년 두 사람이 함께했기에 여행이 풍요롭고 흥미로웠다. 닭갈비 집 주인의 음식 솜씨와 마음씨는 어찌나 훌륭하던지, 내가 깜짝 선물을 보내고 감사 인사까지 받은 건 온전히 그 덕분이다. 또 소박한 유물을 기증하는 뜻을 고맙게 받아 준 관장은 얼마나 마음이 넓은 사람인가. 내가 한 일이라곤 고작 여행 가자고 두 사람을 꼬드긴 것밖에 없다. 그에 비해 몇 배나 큰 즐거움을 얻었으니, 감사하고 또 감사할 노릇이다.

나이가 들면 여행이든, 공부든, 봉사든, 혼자보다는 함께하는 것이 좋다. 안 그래도 일상이 단조롭고 행동반경이 줄어들고 인간관계가 협소해지는 시기다. 노년의 삶을 가장 힘들게 하는 것이 바로 외로움이다. 외롭지 않으려면 내가 사람을 찾아가야 한다. 사람을 찾아가는 가장 쉬운 방법이 무엇이든 함께하는 것이다. 여행을 가고 싶은가? 우선 동행을 구하자. 동행이 잘 안 구해지면 좋은 여행지를 찾아보자. 좋은 데 가자는데 거절할 사람이 몇이나 되겠는가. 또 머리를 굴리면 전국에 아는 사람이 몇 명은 있게 마련이다. 그들에게 연락해 보자. 맛있는 음식을 만나면 누구에게 나눠 줄까를 생각해 보자. 아무리 작은 거라도 나누는 데 의미가 있다. 어쨌거나 자기를 생각해 주는 사람을 마다할 이는 없는 법이다.

인간관계가 넓고 깊어서 외로울 틈이 없겠다면서 나를 부러워하는 이가 많다. 마치 내가 엄청난 인격자이고 인생을 잘 살아서 사람들이 절로 모인다고 짐작하는 듯하다. 하지만 나라고 해서 늘 사람이 찾아오지만은 않는다. 오히려 내가 먼저 사람들에게 손을 내미는 편이다. 비결은 절대 거창해지지 않는 데 있다. 거창한 것을 나누려고 마음먹으면 별로 나눌 만한 게 없다. 거창하게 함께하려고 하면 늘 망설여진다. 차라리 내가 당장 하려는 일, 내가 당장 가지고 있는 것을 함께하고 나누는 게 나에게도 이로울 뿐만 아니라 상대에게도 부담이 적다. 서로 부담이 적어야 다음에도 쉽게 함께할 수 있다. 이 작은 습관이야말로 내가 나이가 들어서도 인간관계를 유지하는 비결이다.

　나누기에 좋은 것, 좋은 시기는 따로 없다. 바로 지금, 내가 하려는 그 일을 함께하는 것이 가장 좋은 나눔이다. 그리고 나눔이야말로 사람을 곁에 두는 가장 쉬운 방법이다. 그러니 외롭다고 하기 전에 어떤 일을 누구와 함께할 것인지를 떠올리고 행동해 보라. 절대 거창해지지 말라. 가벼운 마음으로 함께하자고 제안할 것. 그 작은 시도가 몇 배의 즐거움을 가져다준다는 사실을 기억하면서.

골치 아픈 집안 대소사는
전부 자식에게 넘긴다

자유에 대하여

"자네 아들이 자네 죽으면 제사 안 지낸다던데…."

몇 해 전 지인이 나에게 조심스레 말을 꺼냈다. 아들이 페이스북에 쓴 글을 보고 걱정이 됐나 보다. 이 나이에 자식과 척을 지면 안 된다, 아들 건사 잘하라는 충고도 빼놓지 않았다. 그러나 정작 나는 익히 들어온 말이라 별로 놀라지 않았다. 워낙 격식을 싫어하는 아들이라 제사라는 의식에서 벗어나고 싶어서 한 말이라고 이해했다. 제사를 안 지낸다니 굶는 영혼이 되겠구나 하고 웃으며 가볍게 넘겼다.

결론부터 이야기하자면, 나는 전혀 섭섭하지 않다. 제사와 관련한 우리 집안의 내력을 살펴보면 파격과 혁신의 연속이었다. 우리 집안의 선산은 당시 영남고교 옆에 있었는데, 고조할아버지와 고조할머니를 비롯해 여섯 개의 산소가 있었고, 산지기가 선산을 관리하고 있었다. 그런데 6·25 전쟁이 터져 피난민들이 몰려오자 선산 주변은 졸지에 피난민들의 판자촌으로 돌변해 버렸다. 더군다나 학교가 부상병들을 돌보는 병원으로 바뀌면서 수업할 공간이 사라지자 학교 옆 선산은 학생들의 운동장이 되어 버렸다. 체육 시간이면 교사가 할아버지 묘의 봉분에 올라가 수업을 하는 진풍경도 벌어졌다.

사정이 이렇다 보니 선산을 옮겨야 할 처지가 되었다. 아버지를 비롯한 아홉 형제들은 의견이 분분했다. 이때 어머니가 모두 화장하여 낙동강 물에 산골할 것을 강력히 주장했다. 당시 관습에서는 매우 파격적이었다. 여섯 분의 시누이와 두 분의 시숙을 모시는 입장에서 어머니가 그런 주장을 하기란 쉽지 않았을 것이다. 그러나 아버지가 병환 중이셨기에 어머니는 막내며느리의 권한으로 자기주장을 관철시켰다. 어머니가 일꾼 한 명을 데리고 파묘했던 걸 보면, 어른들의 적극적인 동의를 받지는 못했던 것 같다. 그러나 어머니는 전통이라는 이유로 힘에 부치는 일을 떠안기보다 조상을 모시는 형식을 현실에 맞게 적극적으로 바꾸는 편을 택하셨다.

고등학교 2학년 때 아버지가 돌아가시고, 당시 제도에 의해 내가 호주가 되었다. 나는 호주가 되면서 내 권한으로 모든 기제사를 양력으로 바꿨다. 그리고 할아버지 세대까지만 제사를 지내기로 공표했다. 고모님들은 크게 반대하셨고, 음력에 맞춰 제수를 장만해 오시기도 했다. 하지만 어른들이 모두 별세하면 내가 음력을 기억하기가 어려우니 양력으로 제사 날짜를 바꾸는 것이라고 설득했고, 고모님들은 마지못해 따르셨다. 그 후로 모든 기념일을 양력으로 통일했다.

어른들이 모두 돌아가신 후 나는 제사 형식을 한 번 더 크게 바꿨다. 2002년 네 자녀 가족과 우리 부부가 구기동에 빌라를 짓고 한집에 살기 시작하면서, 우리 가족은 제사 문제를 깊이 논의했다. 우선 제주(祭主)인 내가 부모님 제사만 지내고 그 윗대 조상의 제사는 설날과 추석에 지내기로 결정했다. 그리고 제사라는 형식도 성균관에 가서 옳은 절차를 배워 전통에 맞게 지낼 게 아니라면, 우리 현실에 맞게 변형된 방식을 구상해 보자고 제안했다. 온 가족이 둘러앉아 난상토론을 벌였다. 그 결과 탄생한 우리 집만의 제사 원칙은 두 가지다. 한 가구당 한 가지 음식을 장만해서 제사상을 차릴 것, 각자의 종교에 따라 최대한 경의를 표하는 방법으로 예를 올릴 것. 이 원칙에 따라 우리 집 제사는 23년째 큰 갈등 없이 치러지고 있다.

나는 의학자다. 과학적으로 입증된 사실만을 믿고 사는 처지다. 그래서 증명되지 않은 사후 세계나 조상신의 존재를 말 그대로 믿지 않는다. 그래서 내게 제사란 망자를 위한 의례가 아니다. 살아남은 자들이 슬픔을 달래고, 떠나간 사람들을 기리는 자리가 바로 제사다. 그러므로 제사는 무엇보다 산 자에게 즐겁고 의미 있는 자리가 되어야 한다. 그러나 매년 제사상 차리는 문제로 산 사람들끼리 갈등한다면, 그 전통과 형식은 이미 죽은 것이나 다름없다. 그렇다면 산 자들을 위한, 살아 있는 형식으로 제사를 바꿔야 하지 않을까? 내가 제사와 관련해 끊임없이 혁신적인 방법을 시도한 것도 이런 생각에서다.

그런데 아들이 자기가 제사 권한을 갖게 되면 아예 제사를 없애겠다고 공표했다. 이 말은 아들이 한 가족의 리더가 되어, 가족을 힘들게 만드는 의례와는 과감히 절연하겠다는 뜻을 표명한 것이다. 어머니가 화장을 감행하고, 내가 제사 절차를 대폭 축소했듯, 미래 세대의 뜻을 중심에 두고 제사 문제를 혁신하겠다는 의지를 분명히 한 것이다. 어떤 사람들에게는 혀를 끌끌 차며 걱정할 일인지 몰라도 나에게는 쌍수를 들고 환영할 일이었다. 이제 내 시대는 저물었고, 아들의 시대가 떠올랐다는 의미였으므로.

내가 죽고 나서 제사를 지내고 안 지내고는 오직 자식들의 몫이다. 그런데 자식들이 나서서 미래의 제사 문제를 정리해 주었으니, 이보다 더 홀가분할 수가 없다. 나는 이제 자식들의 결정에 따르면서 남은 인생을 오로지 나에게 집중하며 살아도 될 터였다. 이 얼마나 자유로운 노년인가.

자식이 장성하면 자연히 집안의 리더를 도맡아야 한다. 오히려 자식이 미래 세대의 주인으로서 집안을 어떻게 끌고 나가겠다는 의지와 방향이 없을 때 더 큰 문제가 생긴다. 부모는 제 한 몸 잘 건사하며 인생의 의미를 곱씹어야 하는 황금 같은 노년기를 집안의 대소사를 해결하느라 소진한다. 반대로 자식은 매사 부모의 결정을 기다리며 눈치를 보느라 에너지를 쏟는다. 그러다 보면 늙은 부모가 장성한 자식에게 일일이 간섭하려 들고, 자식은 부모로부터 독립하지 못해 의기소침해진다. 나이가 들면 안 그래도 가깝게 지내기 어려운 부모 자식 사이가 이렇게 더 멀어지고 만다.

부모의 눈에 자녀가 부족해 보일 수 있다. 더군다나 사회적으로 성공한 부모에게는 자식의 행동 하나하나가 못 미더워 보이기 쉽다. 그러나 자식이 어느 만큼 나이를 먹으면 자식의 뜻을 있는 그대로 존중해 주어야 한다. 실수투성이라도 스스로 헤쳐 나가도록 어느 정도는 무심해져야 한다. 지금까지 아이들을 먹이고 입히고 교육시켰으면 그것으로 됐다. 이제 아이를 돌보는 부모 역할에는 마침표를 찍어야 할 때다. 앞으로는 자식의 뜻을 따르며 뒤에서 묵묵히 응원하는 부모 역할을 자청하라. 부모의 그림자가 걷혀야 자식이 햇볕을 받으며 무럭무럭 성장할 수 있다.

부모 노릇의 최종 목표는 자식의 독립이다. 그런데 처음부터 멋지게 홀로 서는 사람은 세상에 없다. 아이가 수만 번 넘어지며 걸음마를 배우듯, 자식들도 시행착오를 거듭하며 독립에 성공한다. 그러므로 자식이 제대로 서야 독립할 수 있다는 생각의 순서를 바꾸라. 부모가 먼저 자식에게서 떨어져 나가야 자식도 비로소 제 앞가림을 시작한다. 어느 때고 혁신과 변화를 이끄는 미래 세대의 개막은 부모 세대와의 단절로부터 시작되었음을 기억하라.

배우자를 내가 제일 잘 안다고
착각하지 않는다

부부에 대하여

'싫다'와 '안 된다'는 둘 다 거절의 의미를 내포한 단어다. 그런데 말의 뉘앙스는 조금 다르다. '안 된다'는 분명한 이유를 들어서 거절할 때 주로 사용한다. 예를 들어 "그건 안 돼요. 왜냐하면…" 하는 식이다. 나름대로 객관적인 기준을 적용해서 거절하기 때문에 듣는 입장에서는 기분이 덜 나쁘다. 물론 그 기준이 논리적이고 타당한지는 별개 문제다. 반면 '싫다'는 부정적인 감정이 거절하는 이유이기 때문에 '안 된다'에 비해서는 주관적인 판단이다. 그냥 싫어서 싫다는 것이다.

사람은 기본적으로 다른 이들로부터 인정받고 싶어 하고,

사랑받고 싶어 한다. 그래서 누구나 '저 사람이 나를 싫어하면 어쩌지?', '저 사람이 나를 거부하는 거 아닌가?' 하는 두려움을 어느 정도는 느낀다. 이것은 아주 자연스러운 감정이다. 그래서 거절은 하는 사람도, 받는 사람도 어렵고 힘들다. 예기치 않게 서로의 마음에 상처를 줄 수 있기 때문이다.

그렇다고 살면서 마주하는 모든 부탁을 들어줄 수는 없는 법이다. 오히려 거절을 너무 어려워해서 무리한 부탁까지 들어주게 되면 관계에 탈이 난다. 건강한 관계를 유지하고 싶다면 산뜻하게 거절하는 법을 배우고 연습해야 한다. 나는 그 방법의 하나로 "싫어요"를 "안 돼요, 왜냐하면"으로 고쳐 말하자고 늘 강조해 왔다. "안 돼요"에는 객관적인 근거가 따라오기 때문에 거절당했다는 느낌이 덜하고, 그 근거가 타당하면 앙금 없이 새로운 대안을 세울 수 있기 때문이다.

하지만 중이 제 머리 못 깎는다더니, 다른 사람들에게는 "안 돼요, 왜냐하면"이라고 잘만 표현하던 나도 아내에게만큼은 "싫어"란 말을 입에 달고 살았다. 심지어 그런 사실조차 제대로 깨닫지 못했다. 외손자가 수능 시험을 보기 전날, 맛있는 저녁을 사 주려고 딸 내외와 외손자를 데리고 식당으로 향하던 차 안이었다. 한참 수다를 떨던 중에 갑자기 딸이 그랬다. "아빠가 오늘은 웬일로 대답을 잘하네." 그러자 사위가 대답했다. "지금은 어머님이 안 계시잖아."

그때 문득 아내와 함께 있을 때 내가 주로 쓰는 말이 몇 개 안 된다는 걸 깨달았다. "싫어", "몰라", "안 해"…. 전부 이유도 달지 않은 부정적 단어였다. 스스로 듣기에도 거북했고, 남들에게는 그러지 말라고 숱하게 강조했건만, 유독 아내에게만 "싫어"라는 말을 빈번하게 사용했다니…. 아둔해도 한참 아둔했다. 도대체 왜 그랬을까?

나이가 들고 아내의 잔소리가 늘어난다고 느낀 후부터 "싫어"라는 표현이 부쩍 늘었다. 아내가 내 건강을 염려해서 하는 말을 잔소리로 못 박고는 어느 순간부터 귀를 닫았다. '똑같은 얘기를 반복하는구나' 하면서 아내의 얘기를 더 이상 궁금해하지 않았고 대답도 제대로 안 했다. 그러다 심사가 뒤틀리면 사춘기 소년의 반항처럼 "싫어"라고 내뱉었다.

그러고 보니 의사 시절, 반복되는 부부싸움으로 나를 찾아왔던 숱한 부부들과 내가 다르지 않았다. 그들은 하나같이 이렇게 말했다. "이 사람은 젊었을 때나 지금이나 똑같아요. 그때나 지금이나 우리는 같은 문제로 다툽니다." "이이는 원래 이런 사람이에요. 절대로 안 바뀌어요. 지금까지 같이 산 제가 바보죠." 그들은 배우자를 고정된 틀로 바라보았다. 배우자보다 배우자를 더 잘 안다고 믿었고, 배우자의 잘못을 낱낱이 짚어 냈으며, 배우자가 말만 꺼내도 지겨운 소리를 또 한다며 귀를 닫았다. 이런 배우자에 대한 선입견이 부부간 골을 깊게 하고, 높다란 벽을 쌓게 했다. 밖에 나가면 좋은 평가를 받는 이들이 집안에서는 서로를 잡아먹지 못해 으르렁거리는 것도 상대에 대한 고정된 선입견 때문인 경우가 허다하다.

배우자를 고정된 틀로 바라보고 판단하는 것은 오래된 부부들이 쉽게 빠지는 함정이다. 세월이 흐르면 세상도 변하고 사람도 변하지만, 배우자에 대한 시선만은 그대로다. 자연히 서로에 대한 호기심이 사라지고 심드렁해진다. 싸움도 똑같은 방식으로 반복한다. 반복되는 갈등에 지치면 어느 순간 부부관계를 정리하려고 든다. 참 안타까운 일이다. 서로에 대한 부푼 기대를 안고 만난 두 사람이 각자의 환상 속에서 살다가 지쳐서 결국 뒤돌아서는 현실이 말이다.

만약 습관적이고 반복적인 부부싸움 때문에 지친다면 상대를 어떤 틀로 바라보고 있는지 돌이켜볼 일이다. 하지만 배우자에 대한 선입견은 워낙 오랜 시간에 걸쳐 굳어졌기 때문에 단번에 교정하기는 어렵다. 그러기 위해서는 의식적인 노력이 필요한데, 나는 다음 세 가지 방법을 권한다.

첫째, 우선 상대방의 말을 끝까지 들으라. 나는 상담을 온 부부들에게 시간을 정해서 이야기할 것을 권했다. 배우자에게 주어진 시간에는 무슨 일이 있어도 배우자의 말을 들어야 한다. 그러지 않으면 얼굴이 울그락불그락해져서는 중간에 말을 끊고 화내기 일쑤다.

　부부싸움이 매번 비슷한 양상으로 흘러가는 가장 큰 이유가 바로 감정적인 대응 때문이다. 싸움의 발단은 달라도 감정적으로 격앙되면 옛일을 들추어내기 시작하고, 결국 서로에 대한 비난으로 끝맺는다. 순간 욱하는 감정을 다스려야 한다. 배우자의 말이 납득이 안 되고 근거 없는 비난처럼 들려도, 울화를 누르고 일단 상대의 말을 끝까지 듣자. 그러면 하고 싶은 말을 전부 토해 낸 배우자가 한결 부드러워진다. 진짜 부부싸움은 그때부터다. 부부 갈등은 감정적으로 대응하면 고착화하지만, 이성적으로 풀고자 하면 길이 보인다.

　둘째, 배우자를 이해하려고 하지 말라. 부부 갈등이 생기면 처음에는 '저 사람이 왜 저러지?' 하며 상대를 분석하려든다. 하지만 그런 노력이 부부 갈등을 해소해 주는 경우는 극히 드물다. 오히려 '당신은 내가 제일 잘 안다'며 자신할수록 갈등이 격화된다. 나를 찾아와 "저 사람은 원래 저래요" 하면서 비난의 화살을 날리던 사람들은 대부분 누구 못지않은 '배우자 전문가'였다. 그들은 배우자의 성격을 분석하고, 잘잘못을 따지고, 배우자가 변해야 한다고 소리 높이다가, 배우자가 따라와 주지 않으면 갈등의 원인을 전부 상대에게 돌렸다.

　하지만 아무리 오래 살았다고 타인을 속속들이 알 수 있을까? 열 길 물속은 알아도 한 길 사람 속은 모른다는 속담이 괜히 나오지 않았다. 우리는 모두 '자기 입장'이라는 색안경을 쓰고 타인을 바라본다. 배우자에 대한 내 해석은 그야말로 하나의 '해석'일 뿐이다. 좁은 시각으로 배우자를 재단하고, 낙인찍지 말아야 하는 이유다.

또 배우자가 원래 그런 사람이라고 한들 어쩌겠는가. 사람은 결코 쉽게 바뀌지 않는다. 유전적 요인, 가족 관계, 사회적 배경 등 한 사람의 성격은 그가 살아온 궤적과 긴밀하게 맞닿아 있다. 몇십 년에 걸쳐 형성된 고유한 성격을 하루아침에 바꿀 수는 없는 노릇이다. 그런데도 배우자가 자신이 원하는 모습으로 변하기를 기다리고 원망하면서 10년 20년을 사는 인생은 얼마나 불행한가.

배우자는 이해하기 전에 먼저 받아들여야 하는 대상이다. 우리가 결혼을 결심했던 이유 중 하나가 영원한 내 편을 만들고 싶어서 아니었던가. 온전히 '나'라는 존재를 수용해 주는 배우자가 되어 주길 바라지 않았던가. "저 사람은 절대 안 바뀐다"라고 비난하기 전에 그가 그런 사람이란 걸 받아들이자. 부부간 수용이 없는 상태에서, 자신의 관점에서 상대를 파악한 것만으로 잘못을 지적하고 표현해 봐야 갈등은 더 깊어질 뿐이다.

셋째, 말투를 조금만 바꾸자. 우리 부부는 젊어서부터 싸움을 하게 되면 먼저 말을 멈추고 존댓말을 썼다. 존댓말은 화나는 감정을 누그러뜨리고 한 발자국 떨어져 사태를 바라보게 하는 데 효과적이었다. 또 존댓말을 쓰는 상대에게 막말을 퍼붓기는 어려운 법이다. 존댓말은 상대방에 대한 존중의 마음을 갖게 해 주기 때문에 잦은 싸움으로 낮아진 자존감을 회복하는 데도 도움이 된다.

나는 아내를 향해 위의 세 가지 방법을 즉각 적용했다. 아내의 말을 무조건 들어 주자. 아내를 있는 그대로 수용하자. 그리고 말투를 바꿔 보자. 나는 아내에게 "싫어"라는 말 대신 "안 돼요, 왜냐하면"으로 바꿔 말했다. 아내가 나를 쓱 한 번 보더니 이내 잔소리를 줄였다. 온몸으로 거부 의사를 표시해도 안 되던 일이 존중의 태도를 보이니 수월하게 해결됐다. 부부관계는 이토록 오묘하다.

아내와의 세월을 돌이켜본다. 발랄한 여중생, 총명한 대학생, 네 아이의 억척스런 엄마, 단단한 사회학자, 호호백발의 할머니… 이 모든 모습이 아내의 얼굴에 담겨 있다. 한 사람의 일생이 이다지도 스펙터클한데, 어찌 내가 아내를 다 안다고 자신할 수 있겠는가. 나이 들어 가장 좋은 친구는 단연 배우자다. 좋은 친구를 잃기 전에 생각해 보라. 내 좁은 시야가 배우자를 가두고 있지는 않은지를.

돈 걱정에
인생을 낭비하지 않는다

경제력에 대하여

　나는 부잣집 외동아들로 자랐다. 뭐든 아쉽지 않았다. 그 래서인지 나는 돈에 대해 비교적 무감각한 편이다. 돈이 없어서 한스러웠던 적도, 돈이 많아서 좋았던 기억도 없다. 고등학교 때 아버지가 돌아가시면서 집안이 폭삭 주저앉았을 때도 어머니는 그저 공부에 매진하라고만 말씀하셨다. 나는 그 말을 따라 정말로 책상 앞에 앉아 공부만 했다. 당장 다음 끼니를 걱정해야 할 만큼 어려운 형편이었는데도 말이다. 그 만큼 경제 사정에 눈이 어두운 철없는 아들이었다.

　대학교 때의 이야기다. 우리 가족이 세 들어 살던 집의 주인은 미군 부대에서 쓰레기를 가져와 마당에 펼쳐 놓고, 그

가운데 쓸 만한 물건들을 골라 팔던 사람이었다. 대문을 들어서면 늘 쓰레기 냄새와 파리 떼가 그득했다. 여동생은 그게 창피해 친구들도 집에 잘 안 데려왔다. 하지만 나는 함께 공부하던 여학생들도 스스럼없이 초대했다. 그만큼 가난에 대해 무감각했다. 그래서 아내에게도 무작정 결혼하자고 청했을 것이다. 가진 거라곤 빚밖에 없었으면서도 어떻게든 먹고살겠지 하고 크게 걱정하지 않았으니까.

우리는 용두동에 있는 어느 은행 지점장의 집 문간방에 신혼살림을 차렸고, 그 집에서 첫아들을 낳았다. 아들은 아장아장 걷기 시작하면서 마당에서 노는 때가 많아졌는데, 어느 날 나뭇가지로 마당 한가운데 금을 긋더니 그 금을 넘어가면 안 된다고 했다. 왜냐고 물으니 저긴 주인집이라서 함부로 들어가면 안 된다는 것이다. 그 어린것에게 주인집이라는 개념이 생기다니. 아버지로서 한없이 미안해지는 순간이었다.

그런데도 나는 돈을 많이 벌어 남부럽지 않게 아들을 키우겠다는 생각은 안 했다. 그저 지금 내가 아들에게 무엇을 해줄 수 있을까 하는 고민만 했다. 번듯한 장난감이나 유모차를 사 주긴 어려웠다. 그래서 생각해 낸 것이 그림이다. 나는 방바닥과 벽을 흰 종이로 도배하고, 종이 위에 온갖 그림을 그려 넣었다. 집, 버스, 산, 자전거, 엄마, 아빠… 아들이 자주 만나는 대상을 그리고, 그 옆에 이름을 적었다. 방바닥에는 니스를 칠해서 그림이 지워지지 않도록 했다. 아들은 아내와 내가 일을 나간 사이에 도우미 누나를 따라 그림의 이름을 맞추며 놀았고, 우리가 퇴근하면 그날 배운 이름들을 줄줄이 말했다.

　돌이켜보면 내일을 기약하기 어려울 만큼 가난하던 시절 이었다. 하지만 돈이 없어서 더 창의적으로 살았다는 생각 도 든다. 손자들을 키우며 알게 된 장난감의 세계는 가히 상 상을 초월했다. 손녀의 소꿉놀이 세트는 주방을 그대로 베껴 놓았고, 손자의 자동차는 외제 차를 그대로 축소한 모양이었 다. 틀이 정해진 장난감을 가지고 놀려니 아이들의 놀이도 정형화되는 것 같았다. 어쩌면 모래판에서 꽃과 풀을 가지고 저녁상을 차리던 옛날의 소꿉놀이가 아이들의 창의성을 자 극하는 데는 더 낫지 않을까 하는 생각도 해 보았다.

　돈이 많은 문제를 해결해 주기도 하지만, 돈 때문에 자유 가 제약되는 일도 생긴다. 한때 사업으로 큰돈을 벌었지만, IMF 때 부도가 나서 전 재산을 잃은 지인이 있다. 그의 처지 를 딱하게 여긴 주변인들이 그를 위해 일자리를 소개해 주었 다. 그때마다 그의 대답은 한결같았다. 자기가 그런 일을 어 떻게 하느냐는 것이다. 한때 직원을 백 명 가까이 거느렸고, 기사가 운전하는 차만 타고 다니던 자기가 허드렛일을 할 수 는 없다는 뜻이었다. 어쩌면 너무 많은 돈을 가졌던 경험이 그가 누릴 수 있는 삶의 범위를 너무 좁혀 놓은 건 아닐까 하고 생각했다.

돈이 중요하다고들 한다. 기대수명이 길어질수록 돈의 필요성은 더욱 강조된다. 맞는 말이다. 제 앞가림을 할 수 없는 인생은 불행하다. 사람은 살아가는 한 제힘으로 삶을 꾸려가겠다는 의지를 다져야 한다. 인간의 자존감과 품격도 자립이라는 밑바탕 위에서야 가능하다. 그러므로 나이 들어 흔들리지 않는 인생을 살고 싶다면, 미리 재정적인 준비를 해 두는 것이 좋다. 큰돈 모으기를 목표로 삼지는 못하더라도, 퇴직 후에 경제적인 생활을 어떻게 운용해 나갈 것인지에 대해 미리미리 계획을 세울 필요는 있다.

그러나 돈의 중요성이 너무 강조되다 보니 사람들은 돈 문제 앞에서 덜컥 겁부터 먹는다. 열심히 돈을 모으고 모아도 부족한 것만 같아 불안해한다. 즉 돈에 대한 상시적인 갈증에 시달리는 것이다. 이런 심리 상태가 현대인들에게 워낙 보편적으로 나타나서인지, 영국의 심리학자 로저 핸더슨은 이에 대해 '돈 걱정 증후군'이라는 이름까지 붙였다. 당장 돈이 없는 것이 아닌데도 돈이 없다고 생각하며 불안해하는 증상을 일컫는 말이라고 한다.

우리가 무언가에 대해 불안에 떤다면, 그 이유는 하나다. 그 대상을 잘 모르기 때문이다. 노년을 잘 모르기 때문에 나이 드는 게 불안하고, 사후를 알지 못하기에 죽음이 두렵다. 마찬가지로 나에게 필요한 돈이 얼마인지 구체적으로 모르기 때문에, 자꾸만 돈이 무섭고 돈 이야기에 휘둘린다. 노후 자금으로 10억은 필요하다느니, 여유 있게 살려면 20억은 필요하다느니 하는 말들은 그야말로 누군가의 이야기일 뿐이다. 골프도 치고, 여행도 가고, 품위도 유지하면서 살려면 20억도 부족할지 모른다. 그러나 그것들이 정말 나에게 필요한 것인가? 나는 무엇을 위해서 돈을 원하는가? 나에게 정말 필요한 최소한의 돈은 구체적으로 얼마인가? 골프야 안 쳐도 그만이고, 여행도 안 가면 그만이다. 세상이 아닌 나를 기준으로 돈을 바라보면 돈 문제 앞에서 구체적인 해법을 찾게 된다. 돈이 크게 두렵지 않다. 한도 내에서 어떻게든 살 수 있다는 용기가 생긴다.

나이 들어 돈에 휘둘리지 않으려면 저축도 중요하지만, 돈에 대한 내공도 함께 쌓아야 한다. 돈은 언제나 수단일 뿐 결코 목적이 될 수 없다. 돈이 우리의 지배를 받아야지, 우리가 돈의 지배를 받아선 안 된다. 돈을 움켜쥐고 말 잘 듣는 신하처럼 부려야 옳다.

어머니는 돌아가시는 날까지 매우 검소하셨다. 제철 나물로 반찬을 만들고 오래된 옷도 기워 입으셨다. 그러면서도 돈이 없어서 고생한다는 푸념이 없으셨다. 돈이 부족해도 크게 구애받지 않으셨고, 돌아가시기 전까지 절을 다니시며 마음공부를 실컷 하셨다. 돈이 있으면 있는 대로, 없으면 없는 대로 잘 사셨다. 나는 이것이야말로 돈과 맺는 가장 건강한 관계가 아닐까 싶다. 돈이 우리의 자유를 증대시키도록 해야지, 자유를 꺾게 두어선 안 된다. 그리고 그러한 자유는 돈을 어떻게 벌고 쓰겠다는 구체적인 계획을 세움과 동시에 함부로 불안해지지 않는 튼튼한 마음을 키울 때 얻을 수 있다.

용돈이나 쥐여 주는 할아버지
역할에 만족할 것인가?

손주들에 대하여

첫 손자가 장가를 갔다. 나에게 할아버지라는 이름을 처음
으로 안겨 준 아이. 갓 태어난 손자를 안았을 때 느꼈던 감격
이 어제 일처럼 생생한데, 어느새 한 가정을 꾸린 어엿한 어
른이 되었다. 손자며느리의 손을 잡고 인사하러 온 날, 내 마
음은 날아갈 듯 기뻤다. 자식들을 결혼시킬 땐 기쁨만큼 걱
정도 컸는데, 손자의 결혼은 마냥 신기하고 행복할 따름이다.

손주들이 내게 준 기쁨은 말로 다 표현하기 어렵다. 자식
들을 키울 땐 몰랐던 육아의 즐거움을 손주들을 키우면서 비
로소 깨달았기 때문이다. 아내와 아이들에게 미안하지만, 아
이들이 한창 자랄 때를 돌이켜봐도 내겐 떠오르는 추억이 별

로 없다. 경제적으로 어려운 형편에 결혼을 한 데다, 아이들을 줄줄이 낳는 동안 시국 사건에 연루되어 수감 생활을 하거나 군의관으로 복무해야 해서 가장의 역할을 제대로 못 했다. 그동안 가정 경제와 육아는 모두 아내의 몫이었다. 병원에 취직해서 돈을 벌기 시작했지만 우리 부부와 아이 넷, 어머니까지 일곱 식구의 생계를 책임지기엔 턱없이 부족했다. 새벽부터 늦은 밤까지 닥치는 대로 일해야 했던 시절이었다. 그 시기를 지나고 보니 어느새 아이들은 다 자라 있었다.

그러다 손주가 태어났고, 내 품에서 꼬물거리는 어린 생명이 마냥 신비로웠다. 앉고, 기고, 서고, 걷고, 뛰는 성장의 과정이 처음 보는 듯 대견하고 신기했다. 말문이 트여 "하찌(할아버지)" 하고 나를 불렀을 땐 눈물이 핑 돌기까지 했다. 손주들은 어떤 저지레를 해도 예쁘기만 했고, 크고 작은 문제를 일으켜도 별로 걱정되지 않았다.

어린 시절, 나를 무척이나 예뻐하셨던 외할머니는 언제나 "아이고, 귀여운 내 새끼" 하시며 내 머리를 쓰다듬고 꼭 안아 주셨다. 그 기억이 좋게 각인되었는지, 손주들을 만나면 내 입에서도 불쑥 "아이고, 내 새끼" 하는 말이 튀어나왔다. 나는 한술 더 떠서 손주들을 학습시키기까지 했다. 주말마다 찾아오는 손주들에게 "나는 할아버지 새끼다"라는 말로 인사를 대신하게 한 것이다. 손주들이 현관문을 들어서면 내가

"나는" 하고 선창한다. 그러면 손주들이 따라서 "할아버지 새끼다"라고 복창했다. 그러면 온 식구들이 깔깔거리면서 웃었다.

그러나 이런 재미도 잠깐이다. 초등학교에 들어가면서부터 손주들은 좀 쑥스러워졌는지 내가 선창을 해도 복창하지 않았다. 그냥 미소를 지으며 내 품에 잠시 안겼다 갔다. 한번은 막내 손녀가 물었다. "할아버지, 내가 왜 할아버지 새끼에요? 아빠 새낀데." 그 후로는 우리만의 독특한 인사도 막을 내렸다. 이제는 다 자란 손주들이 모이면 가끔 귓속말로 "나는" 하고 건네 본다. 그러면 저도 내 귀에 대고 들릴 듯 말 듯 "할아버지 새끼다" 하고 소근거린다. 공통의 추억이 있다는 건 참 좋은 일이다.

할아버지의 사랑이 아무리 커도, 손주들은 할아버지와 다른 시대를 살아가는 완전히 다른 존재다. 나는 외할머니 무릎에서 옛날이야기를 듣고 컸지만, 손주들은 인터넷으로 연결된 세상에서 컴퓨터로 온갖 콘텐츠를 보고 듣고 자랐다. 그만큼 세대 차이가 크다. 세대 차이를 그냥 두면 조부모와 손주들 사이를 가로막는 거대한 벽이 된다. 도무지 이해할 수 없는 대상을 어떻게 사랑할 수 있겠는가. 사랑한다는 것은 알려는 노력이다. 나는 어떻게든 손주들과의 연결 고리를 만들고 싶었다. 그들의 틈바구니에 껴 보려고 노력했다.

나는 어릴 때 이야기를 써서 손주들에게 메일로 보냈다. 일제 강점기 민족 말살 정책에 따른 교육으로 스스로 일본인인 줄 착각했던 어린 시절, 6·25 전쟁 통에 미래를 꿈꿀 수 없어서 겪어야 했던 좌절감, 감나무 위에 올라 '나는 누구인가'를 고민했던 사춘기 시절의 이야기…. 손주들은 교과서에 한 줄로만 건조하게 요약된 사건들을 할아버지의 생생한 경험담으로 다시 접하게 되었다며 신기해했다. 나도 손주들로부터 배운 게 많았다. 손주들은 내가 보낸 메일에 회신을 주었는데, '헬조선', '워라밸', '소확행' 같은 신조어가 눈에 띄었다. 손주들이 아니었더라면 각종 줄임말의 뜻은 물론이요, 그 안에 깃든 요즘 젊은이들의 고민도 전혀 눈치채지 못했을 것이다.

요즘은 핵가족 시대라서 조부모와 함께 사는 경우가 거의 없다. 그러다 보니 어린이들이 생각하는 가족의 범위도 대단히 한정되어 있다. 더군다나 아이도 적게 낳아서 형제, 자매라고 해 봐야 한둘뿐이니, 아이들의 가족 범위엔 겨우 서너 명이 들어갈 뿐이다.

타인과 부대끼며 자라는 경험이 드문 요즘 아이들은 비교적 자기중심적인 경향이 강하다. 부모도 한둘뿐인 아이를 키우는 데 여간 공을 들이는 게 아니다. 그 결과 생기는 부작용이 '황제병'이다. 아이가 부모나 조부모를 신하처럼 부린다는 것이다.

한번은 택시에 탔는데 기사 양반이 손자 이야기를 꺼내며 하소연했다. 유치원에 다니는 손자가 하도 버릇없게 굴기에 참다못해 한마디 나무랐더니, 할머니 품에 쏙 안기며 말했단다. "할머니, 세계 인구가 70억 명이나 되는데 왜 하필 저런 나쁜 할아버지와 결혼해서 나를 손자로 낳았나요." 나는 귀를 의심했다. 일곱 살밖에 안 된 아이가 세계 인구 70억 명을 운운하는 것도 놀라웠지만, 할아버지의 따끔한 말에 위축되기는커녕 모든 걸 할아버지가 이상한 탓으로 돌리는 자기중심성이 좀체 애답지 않았다. 만약 그 아이가 그대로 자라 사회에 나가면 어찌될 것인가. 업무 태도를 지적하는 상사를 두고 '전 세계 인구가 70억 명이나 되는데 왜 하필이면 이런 상사를 만나게 됐을까' 하며 투덜대지는 않을까. 마음에 들지 않는 상황에 부딪칠 때마다 세계 인구를 들먹이면, 그 아이는 어디에도 적응하지 못하는 사회 부적응자가 될 게 분명했다.

다가올 미래, 많은 학자가 인공지능의 발달로 현존하는 직업의 상당수가 사라질 거라 전망한다. 그런데 AI로 대체하기 어려운 인간 고유의 능력이 있단다. 바로 사람의 마음을 읽는 능력, 즉 공감력이다. 개인주의가 팽배하고 1인 가구가 대세가 될수록 공감 능력이 뛰어난 사람이 각광받게 될 것이다. 그런데 공감력은 어떻게 키울까? 사람과 많이 부대낄수록, 사람을 깊이 사귈수록 공감력이 자란다.

조부모가 손주들을 위해 해 줘야 하는 역할이 공감 능력을 키워 주는 것이다. 내가 어릴 땐 마을 공동체가 살아 있어서 옆집만 가도 아는 할머니 할아버지, 아주머니 아저씨, 형 누나, 삼촌 고모를 만날 수 있었다. 다양한 관계망 속에서 자라면서 자연히 다른 사람의 마음을 헤아리고 예의 바르게 행동하는 법을 배웠다. 하지만 요즘 아이들이 만나는 사람들의 범위는 과거에 비해 현저하게 좁다. 조부모가 그 범위를 넓혀 줘야 한다. 조부모가 그저 용돈이나 쥐여 주는 소극적인 역할에 머물러선 안 된다. 손주들과 자주 만나며 어른을 대하는 법도 알려 주고, 옛날이야기를 들려주며 생각의 폭도 넓혀 주어야 한다. 하다못해 사촌지간인 손주들끼리 자주 만나 어울리게 하기에도 조부모라는 위치가 가장 좋다.

적극적인 조부모 역할에는 아이디어가 필요하다. 아무리 훌륭한 이야기도 위에서 아래로 일방으로 흐르면 잔소리가 될 뿐이다. 먼저 손주들이 할아버지 할머니를 좋아하게 만들어야 한다. 그러려면 조부모가 먼저 손주들의 세계로 들어가려고 노력해야 한다. 손주들이 재미있어 하는 방식으로 말을 걸어야 한다. 손주들의 세상을 알려고 노력하는 것, 그것이야말로 손주 사랑의 요체다.

시에 재능 없는 내가
25년째 시를 낭송하는 까닭

취미에 대하여

1996년 문학의 해를 맞아 한국문인협회로부터 '가장 문학적인 상'이란 이상한 상을 하나 받았다. 문학인이 아니면서 문학인처럼 보이는 사람에게 주는 상이란다. 어쨌든 나는 기분이 좋았다. 오랫동안 간직해 온 시에 대한 '짝사랑'을 공개적으로 인정받은 듯해서였다.

내가 '짝사랑'이라고 표현한 데는 이유가 있다. 시를 좋아하는 마음은 누구 못지않은 나이지만, 시를 짓는 능력은 그다지 돋보이지 않았다. 나는 일제 식민지로부터 해방된 초등학교 4학년 때 처음으로 한글을 익혔다. 담임 선생님은 해방의 기쁨을 한껏 나누기 위해 학생들을 데리고 달성공원에 야

외수업을 나갔다. 그리고 두 시간 동안 자유롭게 글을 써 보라고 하셨다. 말하자면 작문 수업이었다. 당시 나는 갑작스러운 해방에 따른 사회 변동을 겪으면서 정체감에 혼란을 느끼던 와중이었다. 자연히 공상이 많았고 작문 시간에도 이 생각 저 생각으로 머리가 분주했다. 그러다 갑자기 선생님께서 "이제 그만 쓴 것을 모두 제출하라"고 하셨다. 벌써 두 시간이 지나가 버린 것이다. 큰일이었다. 나는 급한 마음에 원고지에 이렇게 적었다.

'나는 작문을 지으려 달성공원에 왔다.'

우습지만 이 문장이 내가 한글로 지은 최초의 문장이다. 이런 주제이니 언감생심 시인을 바라볼 처지가 못 된다.

고등학교 때도 비슷한 일을 겪었다. 6·25 전쟁이 막바지에 이르렀을 때, 헝가리의 수도 부다페스트에선 격렬한 민주화 시위가 벌어졌다. 소련의 위성 국가였던 공산국가에서 일어난 민주화의 함성에 얼마나 감격했던지, 나는 시를 한 수 적어 국어 선생님께 제출했다. 아마 자유의 소중함을 역설하는 내용이었을 것이다. 그런데 시인이던 국어 선생님이 나를 따로 부르시더니 말씀하셨다. "내가 읽어 봤는데 무슨 말인지 하나도 모르겠다." 시를 잘 쓰려면 풍부한 감성도 필요하지만, 시어를 잘 찾아내고 시적 규격도 잘 맞춰야 한다. 하지만 내가 쓴 시는 시어도, 규격도 제멋대로였다. 그러니 뜻이 제대로 전달될 수 없었고, 그게 정직한 내 수준이었다.

　대학교에 들어가선 시를 쓰는 친구들과 어울려 시 문학 동인회를 만들고, 지도 교수님께 시작(詩作)에 대한 지도도 받았다. 하지만 시는 여전히 내 것이 못 되었다. 아쉽지만 나는 시인이 되기를 깔끔히 포기했다. 그리고 평생 시를 사랑하는 사람으로 남았다.

　그런데 '가장 문학적인 상' 수상을 계기로 시에 대한 사랑이 다시 한번 불타올랐다. 나는 시를 아끼는 지인들과 뜻을 모아 '예띠 시 낭송회'를 결성했다. 회원들은 매월 둘째 주 목요일 저녁에 모여 좋아하는 시나 자작시를 낭송하고 한담을 나누었다. 또 한 달에 한 번 광명보육원 아이들과 어울리며 아이들의 아픈 마음을 보듬어 주었다. 그 모임이 벌써 25년 넘게 이어져 오고 있다.

　예띠 사람들 중에는 시인도 있지만 평범한 직장인이 대부분이다. 나처럼 시를 '짝사랑'하는 이들이다. 그래서일까. 나는 이 모임에 가면 어릴 때 어머니의 품속에 안긴 듯 포근해진다. 회원들의 시 낭송을 들으면 마음이 평화로워지고, 시를 한 수 낭송하고 나면 마치 내가 시인이 된 것 같은 기분이다. 예띠 모임이 있었기에 의사로 일하면서 받은 스트레스를 풀었고, 나이 들면서 점점 쇠퇴해 가는 감성을 그나마 붙잡고 즐길 수 있었다. 한 달에 한 번 시인이 되는 것이 무척이

나 즐겁고 고맙다.

직업의 세계에서는 하고 싶은 일보다 잘하는 일이 각광받는다. 왜냐하면 직업의 세계는 기본적으로 경쟁하는 세계이기 때문이다. 일을 좋아하면 좋겠지만, 그보다 먼저 일을 잘해야 한다. 그것이 직업 세계가 돌아가는 법칙이다. 그런데 경쟁은 긴장을 불러일으킨다. 잘해야 한다는 압박감을 준다. 아무리 좋아하는 일도 직업으로 삼으면 스트레스를 받는 게 정상이다. 그래서 긴장을 풀어 줄 다른 활동이 필요하다. 이길 필요 없이, 더 잘할 필요 없이 그저 좋아하는 일에 몰입함으로써 모든 긴장을 푸는 것. 바로 취미 생활이 필요한 이유다.

우리의 삶을 돌아보라. 일평생 얼마나 경쟁에 시달렸는가. 어릴 때부터 성적 경쟁을 시작해서 입시 경쟁, 취직 경쟁, 진급 경쟁에 시달렸다. 이런 경쟁의식이 뼛속까지 스며들어 부지불식간에 취미 생활마저도 잘하려고 애를 쓴다. 하지만 어떻게 모든 일을 잘하겠는가. 잘하는 일은 직업 하나면 충분하다. 나머지는 좋아하는 만큼만 즐기면 된다. 나는 시에 재능이 없지만 25년 넘도록 시를 곁에 두고 즐기면서 산다. 경쟁할 필요 없이 좋아하는 일을 한다는 것이 얼마나 삶을 풍요롭게 하는지는 정말 경험해 봐야 안다.

나는 요즘 두 가지 취미 생활을 시작했다. 하나는 과학전

문서점 '갈다'에서 강의를 듣는 일이다. 6년 전에 천문학자인 큰아들을 주축으로 과학을 사랑하는 사람들이 모여 독립서점을 열었다. 나는 살던 집을 제공함으로써 주주에 이름을 올렸는데, 그곳에서는 책 판매뿐만 아니라 다양한 과학 관련 강좌도 열린다. 강연을 들을 때마다 우주의 신비에 경이로운 마음이 든다. 새로운 것을 배우는 일이 무척이나 즐겁다. 지금 배워서 그 지식을 어디에 써먹느냐고? 쓸모가 없으면 어떤가. 나이가 들었으니 이제는 쓸모없는 일쯤은 마음 편히 해도 되지 않겠는가.

또 다른 취미 생활은 우표 동호회 활동이다. 나는 네팔에 드나들며 오랫동안 우표를 모아 왔다. 어느 날 우표책을 들여다보니 쌓인 양이 상당했다. 이것을 어떻게 정리하면 좋을까? 인터넷을 돌아다녀 보니 '우표를 사랑하는 사람들의 모임'이라는 카페가 눈에 띄었다. 나는 이곳에 가입하여 회원들에게 재미있는 퀴즈를 내고, 맞춘 사람들에게 네팔 우표를 보내주기 시작했다. 몇 달이 지나자 나는 이 카페에서 가장 인기 많은 회원이 되어 있었다. 우표에 대해선 문외한이던 내가 2년 가까이 카페 활동을 하면서 정말 많은 것을 배웠다. 그런 지식을 합쳐 네팔 우표를 주제로 세 권의 책을 출간했고, 그중 하나가 2018년 방콕세계우표전시회의 우취문헌 부문에 입선을 하기도 했다. 그저 재미있게 배우고 가진 것을 나누고자 시작한 활동이 출판과 수상까지 이어지니, 마치 칭찬을 받은 고래처럼 춤추고 싶은 심정이었다.

나이가 들면 자연히 직업의 세계가 축소된다. 삶의 의미를 직업에서만 찾은 사람들은 퇴직과 함께 큰 혼돈을 경험한다. 자신을 쓸모없는 존재로 느끼기도 한다. 그러나 직업을 잃는다고 해서 인생을 잃는 게 아니다. 취미의 세계가 다채로울수록 퇴직의 시기에 인생이 덜 휘청인다. 그러니 지금부터 야금야금 취미의 세계에 발을 들여 보라. 뭐든 좋아하는 만큼 즐기겠다고 마음먹으면 부담이 없다. 그러니 나이가 많다고, 여력이 없다고 해서 취미를 포기하지 말라. 좋아하는 일을 할 때 찾아오는 풍요로운 즐거움을 살아가는 한 마음껏 누리기를 바란다.

4장

나답게 살다가
나답게 죽는다는 것

-세상을 대하는 태도

피를 나눈 사이라고 모두 가족인 것은 아니다.
함께할 시간만큼 우리는 서로에게 든든한 가족으로 성장한다.
갈등과 화해, 눈물이 있어야 진짜 가족이 된다.

당신에겐 자기만의
시간과 공간이 있습니까?

휴식에 대하여

네팔 의사 라즈반다리 씨와는 벌써 40년 넘게 우정을 이어
오고 있다. 처음 만났을 때 그는 네팔 간질협회 회장직을 맡
고 있었는데, 환자들을 위한 간질약이 부족하다며 나에게 도
움을 호소했다. 이를 계기로 네팔에 약품을 기증하게 되었
고, 더 나아가 이화네팔의료봉사단을 꾸려 조직적인 의료 봉
사를 시작했다. 지금까지 네팔과 이화여대 간에 긴밀하고 따
뜻한 관계가 이어져 온 데에는 라즈반다리 씨의 공이 매우
크다.

이제는 나이가 들어 의료 봉사의 주축은 후배들로 바뀌었
지만, 우리는 여전히 네팔과 한국을 드나들며 돈독한 관계를

지속하고 있다. 몇 년 전에는 그가 뜻깊은 소식을 하나 전했다. 오랫동안 명상에 정진하더니, 드디어 명상 수련에서 최고 수준에 이른 사람에게만 주는 자격증을 땄다는 것이다.

그는 처음 만났을 때부터 나에게 명상을 권했다. 세계 인구의 1퍼센트만이라도 명상을 한다면 참 평화로운 세상이 될 거라고 여러 번 이야기했다. 나는 그를 따라서 좌선도 하고 펄쩍펄쩍 뛰는 명상도 하면서 지친 마음을 달랬다. 그와 함께 산을 오르고, 사원에서 기도를 올리고, 명상하던 시간은 내게 풍요로움으로 남아 있다.

한국에서의 삶은 늘 바빴다. 마음이 아픈 환자들의 두서없는 이야기를 듣고 있으면 내 마음도 저절로 무거워졌다. 또 경쟁적인 사회 분위기는 삶을 뒤돌아볼 겨를도 허락하지 않았다. 우리 세대 사람들은 뒤처지지 않으려고 안간힘을 쓰며 살았다. 그러다 보면 몸은 피로하고 마음은 늘 허전했다. 그래도 내일이면 내처 달려야 하는 게 눈앞의 현실이었다. 하지만 네팔에 가면 마음이 편안했다. 히말라야라는 거대한 산의 기운이 나를 포근하게 감쌌고, 네팔 사람들의 여유롭고 따뜻한 마음이 내 일상을 반추하게 했다. 네팔에서만큼은 나도 온전히 쉴 수 있었다. 그래서인지 사람들은 내가 네팔에만 다녀오면 눈빛이 달라진다고들 한다. 맞는 말이다. 네팔이라는 마음의 고향이 없었다면, 나는 정년을 채우기도 전에 지쳐서 나가떨어졌을 것이다.

네팔 카트만두 광장에 있는 바이라브 신상을 지날 때였다. 사람들은 이 신상을 지날 때 동전 한 닢을 석상에 붙이고 경건하게 합장을 한다. 그런데 이 모습을 지켜보던 어린 꼬마들이 참배가 끝나자 잽싸게 석상에 올라가 동전을 떼어 가버렸다. 그러나 이런 광경을 보고도 동전을 붙인 사람은 아무 일도 없었다는 듯 자리를 떴다. 나는 참배객의 담담함이 의아해서 라즈반다리 씨에게 그 이유를 물었다. 그랬더니 이런 대답이 돌아왔다.

"경배를 드리는 신도들은 동전을 바이라브 신에게 바쳤습니다. 바친 그 동전은 바이라브 신의 것입니다."

신에게 바쳐진 동전은 더 이상 자기 것이 아니므로, 신의 뜻대로 해도 된다는 말이었다. 그의 말을 들으면서 문득 떠오르는 장면이 있었다. 사월 초파일, 논산 관촉사에 들렀을 때였다. 신도들은 저마다 촛불 공양을 하려고 미륵불 앞으로 길게 줄을 서 있었다. 그런데 어느 중년의 부인이 유별나게 큰 초를 들고 와서 미륵불에 바치고는 자리를 뜨지 않았다. 사람이 워낙 많으니 다음 신도들을 위해 공양 후 물러나 주는 게 예의인데, 그 중년의 부인은 무엇을 비는지 꼼짝하지 않았다. 그때, 연세가 든 보살 한 분이 초를 가지고 와서 중년의 부인이 켜 둔 촛불에서 불을 당겼다. 그랬더니 중년의 부인이 왜 자기 초의 불을 당기느냐며 버럭 화를 냈다. 즉 자기의 정성스러운 촛불을 당신이 당겨 감으로써 자기 복을 앗아갔다는 뜻이었다.

신을 향한 경배와 기복마저도 경쟁적으로 이루어지는 세태에 뒷맛이 씁쓸했다. 물론 그 부인이 특이한 경우이긴 했으나, 우리 사회 전반에 이기적인 욕심을 추구하는 분위기가 퍼져 있음을 인정하지 않을 수 없었다. 반면 네팔의 분위기는 사뭇 달랐다. 그들은 자기 것이 진정한 자기 소유인지를 끊임없이 되물었다. 그리고 욕심에 휘둘려 고통받는 삶을 경계했다. 그런 네팔인들의 기운 덕분인지, 나도 네팔에 머무르는 동안은 무의식적으로 올라오는 욕심으로부터 비교적 자유로웠다. 네팔에서 명상과 수양을 하고 온 덕분에 한국에서도 불쑥불쑥 올라오는 이기심을 다스릴 수 있었다.

2016년 네팔에 갔을 때, 나는 20년 만에 다시 돌카 마을을 찾았다. 처음으로 의료봉사를 시작한 산간 마을로, 당시만 해도 외진 곳이어서 사람의 발길이 뜸했다. 나는 이곳에서 봉사를 마치면 칼린초크 산에 오르곤 했다. 산의 중턱쯤에 이르면 요기가 수행하면서 머무는 움막이 하나 있었고, 정상에 오르면 힌두교 무인 사원이 나타났다. 그래서일까. 산을 오르는 동안에는 나도 신의 품 안에 머무는 듯했고, 한 발 한 발에 집중하다 보면 저절로 명상이 되었다.

그런데 20년 만에 다시 찾은 돌카 마을은 상상할 수 없을 정도로 번창해 있었다. 그뿐만 아니라 칼린초크 베이스까지 길이 닦여 작은 차가 통행할 수 있다고 했다. 며칠에 걸쳐 올라가던 길이 몇 시간이면 충분했다. 원래는 돌카 마을에 머무르려던 계획을 변경해 나도 차를 타고 올라가 보았다. 예전에 요기의 움막이 있던 자리엔 여러 채의 집이 지어져 게스트하우스와 찻집으로 운영되고 있었다. 그만큼 칼린초크가 관광 명소로 자리 잡았다는 뜻이었다. 격세지감을 느끼지 않을 수 없었다.

그러나 자세히 들여다보면 주변 환경은 그대로였다. 올라가는 길의 작은 풀과 꽃들, 가축들의 울음 소리, 푸른 하늘과 바람 그리고 고요 등. 나는 20년 전 명상하던 자리에 천막을 치고 앉았다. 사람과 사회는 빠르게 변했지만 히말라야는 여전했다. 나는 그곳에서 마음을 편히 쉬었다. 나이가 들면서 커지는 불안과 공포, 분노와 허무를 있는 그대로 바라보았다. 소란하던 마음이 잠잠해졌다. 저절로 웃음이 지어졌다. 비록 고산병 증세로 서둘러 하산하느라 짧게 머물렀지만, 그 어느 때보다 온전한 나 자신으로 돌아간 느낌이었다.

우리의 일상은 늘 정신없이 돌아간다. 그런데 우리를 바쁘게 하는 것들은 대부분 우리가 주도적으로 이끌어 가기가 힘든 사안들이다. 먹고살아야 하니 회사 사정에 나를 맞춰야 하고, 딸린 식구들을 돌봐야 하니 책임과 의무 위주로 생활하게 된다. 그러다 보면 자연히 '내 인생은 무엇인가, 나는 어디에 있는가' 하는 고독감과 허무함에 시달리기도 한다.

심리학자 앤서니 스토는 우리네 인생은 두 가지 상반되는 충동이 언제나 함께하고 있다고 말했다. 하나는 다른 사람과 친밀한 관계를 맺고자 하는 충동이고, 다른 하나는 고독을 통해 자기 본연으로 돌아가려는 충동이다. 인간관계뿐만 아니라 일도, 사랑도 마찬가지다. 책임과 의무를 이행하면서 성장하기도 하고, 나를 희생하고 타인을 키우는 데에서 기쁨을 얻기도 하지만, 동시에 오직 나를 위해서만 살고 싶다는 강렬한 충동도 존재한다. 이런 상반되는 충동 사이에서 균형을 잃으면 인생이 전반적으로 우울해진다. 우리에겐 책임과 의무를 지혜롭게 이끌어 가면서도, 온전히 자기 자신으로 존재할 수 있는 균형 감각이 절실하다.

다행히도 나에겐 두 세계가 공존했다. 네팔에서 진정한 나로 돌아가 충분히 휴식을 취했기 때문에 한국에서의 생활도 지치지 않고 버틸 수 있었다. 앞만 보며 달려가는 삶의 끝은 소진뿐이다. 앞을 보며 달려가더라도 가끔은 뒤를 돌아볼 줄 알아야 한다. 그래서 나는 늘 후배들에게 오로지 자기 자신을 돌볼 수 있는 시간과 공간을 충분히 마련해 두라는 조언을 해 왔다. 자기 앞에 주렁주렁 달려 있는 책임과 의무에 치여서 진정한 삶을 뒷전으로 미뤄 두지 말라는 뜻이었다. 그리고 자기만의 공간과 시간은 되도록 일찍부터 만들어 두는 것이 좋다. 나이가 들어 고독과 허무가 밀물처럼 밀려올 때, 갑자기 대피할 곳을 찾으려고 하면 찾기가 쉽지 않다.

　네팔에 드나든 지 벌써 43년이다. 나는 그곳에서 얼마나 많이 생의 기운을 얻었던가. 남은 날이 길지 않으니, 네팔 사람들에게 보답을 다할 수 있을지 모르겠다. 나는 그저 오늘도 네팔과 히말라야에 감사의 기도를 올릴 뿐이다.

더 늦기 전에
나를 위해 해야 하는 일

용서에 대하여

언젠가 중년의 부인이 찾아와 상담을 청했다. 그녀는 시어머니가 돌아가실 날이 얼마 안 남은 것 같은데, 그동안 모진 시집살이를 당해 시어머니를 용서할 수가 없어서 힘들어했다. 이제는 뼈마디가 앙상한 채로 누워 있는 힘 없는 노인에 불과한데도, 얼굴을 볼 때마다 과거에 저질렀던 악행이 떠올라 몸이 부들부들 떨린다고 했다. '이제 마지막 가시는 길이니 잘해 드리자' 하고 마음먹어도, 옛일은 모두 잊은 채 편안히 누워 있는 시어머니를 보면 뜨거운 뭉치가 뱃속에서 치밀어 올라오는 듯하고, 숨이 막힐 것처럼 답답해진단다. 마음의 병이 쌓여서 몸으로 드러나는 지경에 이른 것이다.

정신건강의학과 의사로 상담을 하다 보니 유독 한스러운 감정을 품고 찾아오는 사람을 많이 만나게 되었다. 정서적 경제적으로 착취하는 부모, 바람을 피운 배우자, 거액을 가지고 달아난 동업자, 고된 시집살이를 시킨 시부모…. 가해자는 달라도 그들이 받은 고통의 크기는 같았다. 원망과 억울함이 가슴에 응어리진 채 딱딱하게 돌처럼 굳어 버려 가슴 한편을 묵직이 내리누르는 느낌. 이런 환자들에게 용서를 운운해 봐야 소용없다. 어떤 사람들은 "왜 아직도 그런 일로 힘들어하느냐, 이제는 용서할 때도 되지 않았느냐"라고 섣불리 이야기를 꺼낸다. 그러나 그것은 불난 집에 석유를 들이붓는 꼴이다. 과거의 일이 되었을지언정 그들에게 고통은 여전히 현재 진행형이기 때문이다.

용서는 결코 쉬운 일이 아니다. 우선 원한을 쌓게 만든 상대가 매우 가까운 사람인 경우가 대부분이다. 마음만 먹으면 평생 만나지 않을 수 있는 타인에게서 큰 상처를 입는 경우는 드물다. 싫어도 매일 볼 수밖에 없는 사람, 때론 나에게 사랑을 주었던 그 사람이 외려 더 큰 상처를 준다. 우리는 용서 불가능한 대상과 사랑과 증오로 얽혀 있다. 이런 관계를 무 자르듯 단박에 정리하기는 매우 어렵다. 관계를 도려내려다가 제 살도 도려내기 십상이다.

또 상처를 준 사람들은 대체로 '쿨'하다. 그들에게 과거의 일은 이미 지나간 사건이다. 사과할지언정 별로 심각하지 않다. 아직도 그런 일로 마음을 쓰느냐며 대수롭지 않게 행동한다. 그런 뻔뻔함이 상처받은 자를 더욱 억울하게 만든다. 나는 잘못한 게 없는데, 오히려 내가 피해자인데, 미안하다는 말은커녕 용서의 짐까지 홀로 떠안게 된 형국에 더욱 분노가 치민다.

그래서 용서는 쉽지 않다. 종교인들이나 선지자들이 용서를 강조하는 이유는, 다름이 아니라 용서가 정말 어렵기 때문일 것이다. 하지만 용서는 언젠가는 해야 하는 일이다. 용서하지 않으면, 상처 속에서 남은 인생을 살아야 하는 사람은 결국 그 자신이다. 표독한 시어머니를 용서하지 못하면, 가장 괴로운 사람은 시어머니가 아니라 며느리 그 자신이다. 용서는 오직 자기 자신을 위해서 해야 하는 선택이다. 부처님은 말씀하셨다. "원한을 품는 것은 다른 사람에게 던지려고 뜨거운 석탄을 손에 쥐고 있는 것과 마찬가지다. 화상을 입는 것은 결국 자기 자신이다."

원한의 불길은 상대를 향한 복수심으로만 번지지 않는다. 원한을 품고 있는 나의 내면과 인생까지 송두리째 불태워 버린다. 그러므로 힘들더라도 나를 위해, 나의 행복을 위해 원한의 감정을 내려놓아야 한다. 당연히 쉽지 않다. 억울하고 화가 난다. 하지만 얼마 남지 않은 인생과 에너지를 누군가를 미워하는 데 허비할 수는 없다. 누가 뭐래도 내가 행복하기 위해 사는 인생이다. 진정 자유로워지고 싶다면 이제 용서에 다가가야 한다. 용서를 배워야 한다.

용서는 마음먹는다고 단박에 이루어지지 않는다. 이제는 괜찮다 싶다가도 울화가 치밀어 오르고, 잊었다 싶다가도 문득 떠올라 온몸을 떨게 하는 게 원한의 감정이다. 그래서 용서도 성급한 마음으로 접근하면 탈이 난다. 차근차근, 할 수 있는 만큼 용서하는 것이 옳다. 나는 용서를 결심한 사람들에게 다음의 세 단계를 거칠 것을 권한다.

첫 단계, 나에게 상처를 준 대상과 관계를 끊으라. 억울한 마음이 크면 상대에게 사과받기를 바란다. 하지만 상대가 무릎을 꿇고 눈물을 뚝뚝 흘리며 죽을죄를 지었다고 말하는 경우는 극히 드물다. 또 사과한들 원한의 감정으로 똘똘 뭉친 당사자에겐 그 어떤 말도 진정성 있게 다가오지 않는다. 차라리 사과를 받으면 용서하겠다는 생각 자체를 버리라. 용서하겠다는 마음조차 내려놓고 억울한 감정에서 멀어지는 게 좋다. 상처가 된 기억과 거리를 두겠다고, 아예 무심해지겠다고 결심하라. 그렇게 원한의 감정으로부터 스스로를 보호해야 한다.

이렇게 말하면 어떤 이는 가해자와 매일 봐야 하는 사이인데, 어떻게 관계를 끊느냐고 묻는다. 물론 물리적인 관계까지 끊으면 좋다. 하지만 더 중요한 것은 아픈 기억과의 심리적 단절이다. 영국의 작곡가 윌리엄 H. 월튼은 "원한을 품는 것은 벌 한 마리한테 죽도록 쏘이는 것과 같다"라고 말했다. 즉 과거의 상처를 자꾸만 들추어내서 현재 진행형인 고통으로 만드는 것이 원한의 매커니즘이다. 시어머니가 저지른 과거의 악행을, 시어머니가 돌아가실 때까지도 어제 일처럼 느끼고 괴로워하는 며느리가 그런 사례다. 그럴 때마다 상처를 반복해서 받는 것은 자기 자신이라는 사실을 기억하자. 용서의 문제를 상대와의 관계 차원이 아닌 나의 차원으로 전환하는 것. 오직 나의 행복을 위해 상처로부터 멀어지겠다고 결심하는 것. 그것이 나를 위한 용서의 첫걸음이다.

두 번째 단계, 여유가 생겼다면 상처받았던 그 상황을 새롭게 이해해 보라. 억울한 기억으로부터 멀어지면 마음의 여유가 생긴다. 내 상처에서 한 발자국 떨어져서 상황을 전체적으로 조망할 수 있는 공간이 마련된다. 그러면 그 사람의 입장에서는 그럴 수도 있었겠다는 이해의 여지가 생긴다. 그렇다고 해서 그의 잘못까지 사라지는 것은 아니다. 네덜란드 암스테르담의 안네 프랑크 기념관에는 "용서하자. 그러나 잊지 말자"라는 메시지가 적혀 있다. 용서하면서도 잊지 않는 경지는 상처받았던 상황을 새롭게 이해함으로써 가능한 게 아닐까 싶다.

세 번째 단계, 내가 나를 용서하자. 내가 젊었을 때 이야기다. 매년 명절 때가 되면 교수님을 찾아뵙고 인사를 드렸는데, 당시 경제적으로 넉넉하지 못했던 나는 선물을 마련하는 일이 제일 힘들었다. 백화점에서 번듯한 선물을 살 수 없으니 나름대로 정성이라도 보이고 싶었다. 그래서 떠올린 아이디어가 과수원 사과다. 교외에 있는 과수원을 직접 찾아가 정성껏 사과를 골라 엉기성기 엮은 대나무 광주리에 담아 들고 교수님 댁으로 갔다. 교수님은 반갑게 맞아 주셨다. 그러고 나서 일주일 후에 다른 일로 교수님 댁을 방문했는데, 내가 드린 사과 광주리가 마루 한 구석에 그대로 남아 있었다. 내가 그것을 쳐다보니까 사모님께서 웃으며 말씀하셨다.

"아직도 저런 선물을 들고 찾아오는 촌스러운 사람이 있더라고."

그 말이 독화살이 되어 내 가슴에 꽂혔다. 그 일이 있고 나서는 교수님 댁에 인사를 갈 때 선물을 들고 가지 않았다. 내 정성을 무참히 짓밟은 두 분에게 한스러운 마음이 생긴 것이다. 그때는 그 일이 선악의 관점에서 명명백백해 보였다. 사모님의 잘못을 마음 깊은 곳에서 용서할 수가 없었다. 사모님을 뵐 때마다 그 일이 자꾸만 떠올랐다.

하지만 세월이 흐르고 경험이 쌓이다 보니, 과연 내가 사모님을 용서할 처지인가 하는 생각이 자연스레 떠올랐다. 내가 용서할 일, 내가 용서받아야 할 일이 명확하게 구분되었던 과거와 달리 나이가 들수록 그 구분이 흐려지기 시작했다. '누가 누구를 용서한단 말인가. 내가 나를 용서하자. 화내고 억울해하는 나를 내가 용서해 주지 않으면 누가 나를 용서할 것인가.'

생각해 보면 사모님의 말씀은 정직한 표현이었다. 그런데 내가 그 말을 섭섭하게 여겼다. 내가 나를 용서한다는 뜻은 사모님의 정직한 표현을 멋대로 해석해서 미움과 앙심을 지녔던 그 옹졸함을 스스로 용서한다는 뜻이다. 그러고 났더니 '촌스러운 사과'가 비로소 마음에서 놓여났다. 진작 내려놓았으면 훨씬 자유로웠을 텐데. 교수님 부부와 즐거운 관계를 이어나갈 수 있었을 그 시간이 아쉬울밖에.

남을 용서하면 반푼어치 용서다. 내가 나를 용서해야 명실상부한 온전한 용서다. 온전한 용서란 곧 자유로움이다. 내가 나를 속박했던 원한으로부터 완전히 풀려나는 것. 톨스토이가 이런 말을 했다고 한다. "그대에게 잘못을 저지른 사람이 있거든, 그가 누구이든 그것을 잊어버리고 용서하라. 그때 그대는 용서한다는 행복을 알 것이다. 우리에게는 남을 책망할 수 있는 권리가 없다."

때가 되면 나를 아프게 한 그 사람을 이제는 용서해 보겠다고 마음먹어 볼 일이다. 자유로운 사람이 되어야 비로소 편안한 삶을 살아갈 수 있다. 그러므로 용서란 나이가 들면 반드시 풀고 넘어가야 하는 숙제일지도 모른다.

손주의 그림에
할아버지가 들어가기까지

가족에 대하여

지금은 3대 13명이 한 지붕 아래 살고 있지만, 22년 전만 해도 그렇지 않았다. 네 자녀 모두 각각 한 가족을 이루고 흩어져 살았다. 그때 얘기를 좀 해 보려고 한다.

어느 날 손주가 학교에서 '가족'을 주제로 그림을 그렸다며 내게 보여 주었다. 그런데 나는 그 그림을 보고 적잖은 충격을 받았다. 할아버지와 할머니가 가족에 포함돼 있지 않았기 때문이다. 심지어 그림 안에는 손자가 키우던 애완동물이 버젓이 자리를 잡고 있었다. 문득 '할아버지인 내가 손주에게는 애완동물보다 못한 존재구나. 할아버지인 나보다 손주 녀석에게는 애완동물이 더 가족 같은 존재구나'라는 생각이 들면서 쓸쓸했다.

하지만 이내 고개가 끄덕여졌다. 서운하긴 하지만 손주 녀석은 정직한 그림을 그린 것이었다. 말이 가족이지, 흩어져 살 때 손주에게 할아버지와 할머니는 진정한 의미로 가족이란 울타리에 포함되지 않았을 것이다. 큰아들이 초등학교에 다닐 때가 떠올랐다. 학교에서 가족을 그리라는 숙제를 내줬다. 아들은 자기 외에 형제 셋과 우리 부부를 그렸다. 그런데 문제가 좀 있었다. 아빠는 몸통만 있고 얼굴이 없었다. 아들이 본 아빠의 모습은 언제나 휴일에 이불을 뒤집어쓰고 자는 것이었으니, 얼굴을 가린 이불과 이불 밖으로 나온 발만 그린 것이었다. 본 대로 그린 정직한 그림이었다.

그러다 함께 살기 시작하면서 손주들의 그림에도 변화가 일어났다. 지금 그들은 가족에 으레 할아버지와 할머니를 그려 넣는다. 참 고마운 일이다. 그리고 그것이 정직한 그림이 됐다. 이 기간을 함께한 산 증인이 있으니 바로 반려동물이다. 그저 귀여운 '애완동물'에 불과했던 동물들이 인생을 함께할 '반려동물'로 바뀐 히스토리는 우리가 손주들에게 한 가족이 된 히스토리와 그 맥을 함께한다.

현재 우리 집에는 반려견이 두 마리고, 고양이는 개체수 미상이다. 원래 키우던 반려견 한 마리에 집을 지은 기념으로 사돈이 선물한 진돗개 한 마리가 더 들어왔다. 당연히 가족 안에는 개를 좋아하는 식구도 있었고, 싫어하는 식구도 있었다. 회의를 통해 반려견을 받아들이기로 했지만 원래 싫어하던 사람이 개와 쉽게 친해지기는 힘든 노릇이었다.

그러던 중 진돗개(이름은 알동이)를 전문 훈련원에 입소시킨 일이 있었다. 그런데 일주일쯤 지났을까. 훈련소에서 연락이 왔다. 담당자 말로는 알동이가 훈련에 부적합하단다. 녀석은 사람으로 치면 '퇴학'을 맞은 것이다. 우리 가족은 모두 상심했고, 걱정했다. 우리보다 더 그 녀석이 상심하지 않았을까 싶었다. 그런데 정작 그 녀석은 아주 즐거워하는 표정이었다. 다시 가족을 만나니 신이 났나 보다. 알동이 키우는 것을 반대하고, 쉽게 친해지지 못했던 가족도 이 순간만큼은 함께 걱정했다가 함께 즐거워했다. 가족 모두가 알동이와 함께 걱정하고 기뻐했다.

한번은 큰 사고가 났다. 사위가 맛있는 별식을 장만해서 알동이에게 준 적이 있다. 사위는 남은 별식을 알뜰하게 주려고 밥그릇을 바닥에 툭툭 쳤는데, 알동이는 이 툭툭 치는 행동과 소리에 놀랐는지 사위의 손을 덥석 물었다. 그런데 정작 큰 사고를 당한 사위보다 그의 아들인 손자가 더 흥분했다. 감히 자기 아빠를 물었다는 것이다. 손자는 그 죄를 물어 알동이를 살처분해야 한다고 강하게 주장했다. 그때 이를 말리기 위한 온 식구들의 노력은 정말 눈물겨웠다. 모두가 사위와 손주에게 달라붙어 알동이 대신 용서를 빌었다. 각종 선물과 조건을 내걸어 주고서야 알동이는 겨우 용서를 받을 수 있었다.

이제 알동이는 명실상부한 우리 가족이다. 이 녀석이 집을 지키고 있다고 생각하면 든든하고, 이 녀석과 인사하지 못하고 집에 들어가야 하는 날은 상상도 할 수 없다. 알동이와 함께 웃었고, 때로는 함께 울었다. 우리도 마찬가지다. 처음 22년 전 한 울타리 안에 다섯 가구가 모두 모였을 때만 해도 서로 어색했고, 모이는 것을 불편해했고, 여전히 남남이었다.

하지만 22년 동안 우리는 알동이와 그러했듯이 함께 웃고 함께 울었다. 각기 흩어져서 싸우다가도 공공의 적이 나타나면 함께 힘을 모았고, 서로의 잘못을 서로가 대신 용서를 빌면서 화해시키기도 했다. 이런 과정을 거치며 우리는 진정한 한 가족이 됐다. 이제 우리는 서로가 무엇을 불편해하는지, 서로가 어떤 점을 배려받기를 원하는지 눈빛만 봐도 알 수 있고, 이를 서로 존중한다.

이제는 물론 다 커 버린 손주 녀석의 그림에 할아버지와 할머니, 반려견 모두가 가족으로 포함된다. 하지만 아직 내가 반려견보다 과연 서열이 높을 것인가에 대해선 확신하지 못하겠다. 가족이 이사할 때 할아버지와 할머니는 반려동물을 무릎에 앉히고 제일 먼저 차에 타고 있어야 버림받지 않는다는 씁쓸한 우스갯소리가 있지 않은가.

내가 귀가할 때 알동이 녀석이 꼬리를 치며 반기는 것을 보면 적어도 내 서열이 알동이와 비슷하지 않을까 싶다. 피를 나눈 사이라고 모두 가족인 것은 아니다. 함께한 시간만큼 우리는 서로에게 든든한 가족으로 성장한다. 갈등과 화해, 눈물이 있어야 진짜 가족이 된다.

늙어 가는 부모와
이제는 화해하고 싶다면

부모에 대하여

손주들은 어릴 때 종종 유치원에 가기 싫어했다. 당장 직장에 나가야 하는 부모들은 그럴 때마다 어떻게든 아이를 어르고 달래서 차에 태우기에 급급했다. 그럴 때 손주들의 표정을 보면 사랑하는 부모의 말이니까 억지로 따라 준다는 기색이 역력하다. 그러나 바쁜 부모 눈에는 아이가 전하는 무언의 메시지가 보이지 않는가 보다. 아이의 마음을 깊이 헤아릴 만한 여유와 경험이 없기 때문이다.

생각해 보면 나와 아내도 그랬다. 우리는 늘 초보 부모였다. 아이를 넷 낳아 키웠지만, 아이는 저마다 달라서 각자 다른 돌봄의 기술을 요구했다. 더군다나 아내와 나 모두 직장에 나가 일을 했으니 육아에 전념하기는 힘들었다. 어떻게 그 시절이 지나갔는지 모를 만큼 여유가 없었다. 아이들이 다 자라고 직장에서도 여유가 생기자 비로소 우리가 얼마나 실수투성이 부모였는지가 보였다. 하지만 이미 할머니 할아버지가 되어 버렸으니 지난 시절을 후회해 봐야 크게 달라질 건 없었다. 그나마 다행스러운 건, 이제는 손주들의 힘든 표정이 눈에 들어온다는 점이다. 손주들의 등원 거부가 심상치 않게 느껴지면 나와 아내가 나섰다. 왜 힘든지 물어보면 나름의 이유가 분명하다. 그런 날에는 손주들의 손을 잡고 어디든 나갔다. 그렇게 신나게 놀고 오면 손주들의 마음도 한결 부드러워졌다.

인생은 쉽게 지혜를 선물하지 않는다. '지금 알고 있는 것을 그때도 알았더라면' 하는 후회가 자주 들리는 것도 이 때문이다. 젊은이에게는 열정과 용기가 있지만 지혜가 없고, 나이가 들면 경험과 통찰이 쌓이지만 더 이상 기회가 없다. 이런 인생의 아이러니는 부모 노릇뿐만 아니라 자식 노릇에서도 마찬가지다. 내가 다시 어머니의 어린 아들로 돌아간다면 어떨까. 그때 그 시절로 돌아갈 수만 있다면 어머니의 마음을 헤아리면서 현명하게 대처했을 텐데…. 치기 어린 내 말과 행동이 어머니에게 드렸을 상처를 생각하면 가슴이 쓰리다.

내 기억 속에 어머니는 누구보다 강한 사람으로 남아 있다. 어머니는 옳다고 생각하는 일에는 주저하지 않고 발 벗고 나서는 여장부였다. 6·25 시절 내가 다니던 초등학교는 부상병으로 그득했다. 학생들은 학교를 병원으로 내주고 기와를 굽는 굴 근처로 가서 임시 교육을 받았다. 여러모로 어수선했고, 제 가족도 보살피기 힘든 시기였다. 그럼에도 불구하고 어머니는 학교로 가서 부상병을 돌보고, 보육원에서 전쟁고아들을 보살폈다. 그 인연이 평생 이어져 돌아가실 때까지 봉사하는 삶을 사셨다.

남다른 이타심으로 사회적인 존경을 받던 어머니셨지만, 나에게만은 매우 엄하고 무서운 존재였다. 옳고 그름의 잣대가 분명하고 마음먹은 일은 해내고야 마는 강직한 성품을 누구보다 잘 알기에, 내가 어머니를 이기기란 불가능해 보였다. 나는 어머니가 정한 안전한 틀 안에서 성장해야 했다. 조금이라도 위험한 일은 금지됐다. 물놀이도 할 수 없었고, 축구공도 마음껏 차지 못했다. 만약 내가 잘못을 저지르면 어머니는 나를 불러다 앉혀 놓고 낮은 목소리로 꾸짖으셨다. 감정을 죽이고 논리적으로 내 잘못을 낱낱이 짚어 내시는데, 그럴 때면 나는 '차라리 매를 한 대 맞으면 좋겠다'라고 생각했다. 그만큼 어머니의 꾸중이 고통스러웠다.

평생 어머니의 치마폭에서 벗어날 수 없을 것 같았다. 나에겐 어머니의 사랑이 너무나 무거웠고 숨 막혔다. 되도록 어머니로부터 도망가고 싶었다. 대학교에 입학하자 나는 어머니에게 단도직입적으로 말했다. "어머니, 어머니의 사랑이 너무 크고 무거워서 도저히 감당할 수가 없으니 그 값을 돈으로 환산해 주십시오. 평생을 살아가면서 갚겠습니다." 당시 나는 어머니가 사랑의 무게를 돈으로 환산해 주기를 강력히 원했다. 얼마라도 계산이 나오면 그 양을 가시적으로 알 수 있기 때문에 사랑이란 무형의 무게보다는 훨씬 가벼우리라는 유치한 생각이었다. 어머니는 잠시 침묵하시다가 한마디 하셨다. "너도 결혼해 봐라. 그게 내 답이다."

어머니의 말씀처럼 나는 결혼을 하고 아버지가 되었다. 그러고 나서야 내가 저지른 불효를 깨달았다. 부모의 사랑을 값으로 쳐 달라니, 얼마나 얼토당토않은 말인가. 그런 아들을 물끄러미 바라보던 어머니는 얼마나 가슴이 아팠을까. 어머니에게서 느꼈던 분노와 죄책감은 내 인생의 화두가 되었다.

불심이 깊었던 어머니는 내가 수련의이던 시절부터 종종 절로 나가셨다. 그러던 것이 내 아이들이 태어나고 한창 자랄 즈음엔 먹물 옷을 입고 배낭을 지고는 훌쩍 집을 떠나 며칠씩 절에 머무르셨다. 그런 일이 잦아지자 친구들과 친지들은 내게 전화로 어머니 안부를 물어 왔다.

"자네 어머니 출가하셨나? 절에서 봤는데…."

그 말을 들을 때마다 여간 당혹스럽지 않았다. 내가 얼마나 어머니를 잘 모시지 않았으면 출가를 하셨겠느냐 하는 질책으로 들렸기 때문이다. 명백히 내가 저지른 불효에 대한 죄책감 때문이다. 나는 속으로 생각했다. '어머니가 집에 좀 계시면서 애들도 돌봐 주시면 좋겠는데….' 때때로 어머니는 이런 내 소망을 헤아려 집에 한동안 머무르셨다. 하지만 그런 날이면 이내 몸져 누우셨다. 어머니는 젊었을 때도 마찬가지였다. 아버지에 의해 의지가 꺾일 때마다 위병을 앓았다. 어머니는 나이가 들어도 여전히 어머니였다. 뜻대로 살아야 하는 분, 그게 어머니의 본성이었다.

보다 못한 나는 어머니를 받아들였다. 어머니의 뜻대로 자유롭게 사셔도 된다고 말씀드렸다. 마치 어머니가 내 사춘기 때의 저항을 수용해 주셨듯이 말이다. 그 후로 어머니는 다시 건강해지셨다. 먹물 옷을 입고 배낭을 달랑 지고 나가는 뒷모습이 진정 어머니다웠다. 그때부터 어머니가 진심으로 자랑스러웠다.

어머니는 여든넷의 연세로 돌아가셨다. 그때까지 어머니의 아들로 살면서 내가 가장 잘한 일이 바로 어머니 뜻대로 사시라던 그 말이었다. 어머니를 온전히 받아들이기까지 참 오랜 시간이 걸렸다. 조금이라도 일찍 어머니를 한 인간으로 이해했다면 서로 마음의 상처를 주고받지는 않았을 텐데. 후회도 해 보지만 불가능한 일임을 잘 안다. 강한 어머니로 인해 억눌렸던 어린 시절, 어머니에 맞서서 나 자신을 찾고자 분투했던 사춘기 시절, 아버지가 되고 나서 부성애를 느낀 시간이 있었기에 비로소 어머니를 이해할 수 있었으니까 말이다.

나이가 들면 부모를 온전히 받아들여야 할 시기가 온다. 부모나 자식이나 서로에겐 초보일 수밖에 없다. 초보는 반드시 실수를 한다. 서로 상처를 주고받을 수밖에 없다는 뜻이다. 그 상처가 씻을 수 없는 종류의 것이라면 몰라도 어느 정도 허용할 수 있는 범위의 것이라면 이제 이해하고 용서해야 한다. 그러려면 먼저 부모를 알아야 한다. 자식으로서 부모에게 거는 기대를 내려놓고 부모라는 사람을 있는 그대로 바라볼 때, 부모의 말과 행동도 그들의 삶이라는 맥락 속에서 이해가 된다. 그제서야 비로소 우리는 부모의 그늘에서 벗어날 수 있다. 부모라는 사람과 나를 분리해서 받아들일 수 있다.

세상에서 가장 가까운 인연으로 만났고 지대한 영향을 주고받는 관계임에도, 마지막까지 서로를 잘 모를 수도 있는 사이. 바로 부모와 자식 사이다. 그래서 신은 부모와 자식에게 시간을 선물했는지 모른다. 부모를 안다는 것은 오랜 세월을 살아 본 후에야 가능하다. 나이가 들면 부모의 삶을 들여다볼 일이다. 나이가 든 지금이야말로 부모로부터 받은 상처를 치유하고, 부모와 화해하기에 가장 좋은 때이므로.

지금까지 살아 있다는 것
자체가 기적이다

감사에 대하여

2011년 의과대학 졸업 50주년을 맞아 부부 동반으로 1박 2일간 제주도 단체 여행을 떠났다. 마지막 날이 일요일이라, 종교를 가진 동기생들은 각자 교회나 성당으로 향했다. 그런데 성당에 갔던 친구들이 잔뜩 볼이 부어 돌아왔다. 신부님께 속상한 말을 들었다는 것이다.

신부님은 단체로 미사를 보러 온 친구들에게 어떤 연유로 오셨냐고 물었단다. 친구들이 대학 졸업 50주년 기념 여행을 왔다고 하자 돌아온 신부님의 대답이 이랬다.

"참 오래도 사셨습니다."

친구들은 단체로 발끈했고 호텔에 돌아와서도 분이 풀리

지 않아 씩씩댔다. '노인 취급을 당해 기분이 나쁘다'부터 '아직도 죽지 않고 살아 있느냐는 뜻이다'라는 해석까지, 끝 없이 신부님을 성토했다.

신부님이 정말로 부정적인 의도로 그런 말을 한 건 아닐 테다. 다만 노인이 된 자기 자신을 받아들이기 힘든 친구들 의 뾰족한 마음이 신부님의 말을 곡해했다고 보는 게 더 정 확할 것 같다. 나는 이런 말로 친구들을 달랬다. "신부님은 아마 이 나이까지 어려움을 뚫고 용케 살아남았다는 축하의 뜻으로 하신 말씀일 테니, 마음 풀어라."

나를 비롯한 내 세대의 사람들은 그야말로 용케 살아남았 다. 가난, 질병, 전쟁이 늘 일상을 위협했다. 나는 여섯 살 때 장티푸스를 앓았다. 당시 의술로는 딱히 치료법이 없었기에 그저 살아남기만을 기도했다. 다행히 나는 병을 이기고 생존 했다. 일제 강점 말기였던 초등학교 4학년 시절, 나는 한 살 이 부족하다는 이유로 일본군의 소년 항공병 차출을 비켜 갔 다. 고작 한두 살 많은 5, 6학년 남학생들이 자폭 특공대로 뽑혀 가던 때였다. 6·25 전쟁이 일어난 중학교 3학년 시절, 낙동강 전선이 무너지느냐 마느냐 하는 절박한 상황에서 국 군은 한밤중에 가택 수색을 벌여 싸울 만한 장정이면 모두 전선으로 데려갔다. 이때도 나는 한 살 정도 어리다는 이유 로 전선에 배치되지 않고 전쟁 홍보 포스터를 그리는 미술병의 보조 역할로 빠졌다. 이후 4·19와 5·16 등 격동기를 맞아 소용돌이치는 세상의 한가운데 서 있었으나 목숨을 잃지 않고 지금껏 살아남았다. 위험의 언저리를 계속 맴돌았음에도 여태 살아 있으니 천운이라 부를 만하다.

내 고종사촌 형은 보도연맹에 가입되었다가 대구 가창골에서 죽임을 당했다. 그 형의 동생은 국군으로 나가 전사했다. 막내 외삼촌도 전사했으며 둘째 고모부는 납북되었다. 나와 비슷한 연배인 사람치고 이런 고통으로부터 자유로운 사람은 없을 것이다. 죽음과 생이별이 늘 지근거리였으니 살아 있음 자체가 기적이었다. 나는 자주 이렇게 말한다. "90년 인생을 누구나 살 수 있을 것 같지만, 아무나 살 수 있는 것은 결코 아니다."

내 첫째 아들은 천문학자다. 그와 우주에 관해 대화할 때면 그 광막함에 할 말을 잃게 된다. 그 끝을 가늠할 수 없는 거대한 우주 공간에서 우연히 탄생한 지구라는 행성, 46억 년이라는 지구의 시간 가운데 아주 일부를 살아갈 뿐인 인류. 그야말로 '이근후'라는 존재는 우주적인 관점에서 보면 찰나를 살다 가는 초미세먼지에 불과하다. 그러니 내가 '존재하고 있다'는 사실 자체가 얼마나 기적 같은 일인가.

젊은 시절에는 인생을 뜻대로 개척해 나갈 수 있다는 자신감과 의지가 충만했다. 노력한 만큼 결과가 나올 때도 있고 그렇지 않을 때도 있었지만, 언제나 그 원인은 '나'에게 있다고 여겼다. 그렇게 사는 과정이 즐거웠고 보람도 있었다. 하지만 지나고 보니 내 인생은 거대한 우연과 수많은 인연의 힘으로 여기까지 이끌려 왔음을 알겠다. 우연과 인연이 좋은 쪽으로 작용했기에 지금껏 살아남은 것일 테니, 참으로 감사한 일이다.

　그러므로 당연하다고 여기는 것들에 대해 한 번쯤 숙고해 볼 일이다. 이 정도로 건강하게 살아가고 있다는 것. 아무나 누릴 수 있는 권리가 아니며, 내가 잘해서만 얻어진 결과가 아니다. 서로가 촘촘히 얽혀 있는 세상에서 단독으로 살아갈 수 있는 인간은 없다. 의식 수준에서뿐만 아니라 무의식적인 차원에서 모든 존재는 서로에게 영향을 미치면서 살아간다. 거대한 생명의 흐름 속에서 '나'라는 존재를 바라볼 때 인간은 겸손해지고, 비로소 살아 있음에 감사하게 된다. 그리고 그런 사람만이 다른 생명에게 좋은 영향을 줄 수 있다.

지난 삶을 제대로 정리하는 법

후회에 대하여

　50년 가까이 의사로 일하면서 어림잡아도 15만 명에 이르는 환자들을 진료했다. 그저 마음이 조금 힘들어 찾아온 사람부터 일상생활이 불가능한 중증 환자까지, 환자들은 그야말로 천차만별이자 가지각색이었다. 물론 진단 기준이 있어서, 환자의 주관적인 호소 조건과 객관적인 검사 결과가 충족되면 확진을 내릴 수 있다. 그런데 다른 신체적인 질병과 달리 마음의 병을 앓고 있는 정신건강의학과 환자들은 진단 기준만으로 확진하기가 쉽지 않다. 전 생애 과정을 통해 그에게 영향을 미치는 변수가 너무 많기 때문이다. 또 진단을 내리고 나서도 어떤 치료법을 선택해야 하는지를 두고 깊이 고민해야 했다. 몸의 병이라면 발전된 의학 장비를 동원해서 병의 경과를 한눈에 알아볼 수 있으련만, 마음의 병은 내가 택한 치료법이 정말 효과적인지를 판단하기까지 오랜 시간이 필요했다. 그 과정이 참 외롭고 힘들었다.

의사는 생명을 다루는 직업이다. 당연히 일에서 오는 중압감이 남다를 수밖에 없다. 다른 일이라면 잘못된 선택을 하고 난 뒤에도 어느 정도는 결과를 되돌릴 수 있지만, 하나뿐인 생명이 잘못되면 아무리 후회한들 돌이킬 방법이 없다. 그래서 오래 일한 의사들은 하나같이 가슴에 몇 명의 환자를 품고 산다. '그때 내가 다르게 판단하고 대처했더라면 그 사람이 잘못되지는 않았을 텐데' 하는 후회와 함께.

내게도 그런 환자가 몇 명 있다. 군의관 시절에 내가 발부한 병역 진단서를 갖고 입영한 환자를 만난 적이 있다. 그는 한눈에 봐도 환자임이 역력했다. 그런데 내가 수련의 시절에 써 준 병역 진단서에는 '꾀병이 의심된다'라는 단서가 쓰여 있었다. 지금도 그렇지만 당시에도 병역을 기피하려는 사람들이 환자로 가장하는 경우가 많았기에 그런 진단서를 썼던 것이다. 의사로서 후회스러웠고, 그에게 너무 미안했다. 섣불리 판단하지 말고 검사를 보충해서 정확하게 진단을 내렸어야 했다. 이 진단서로 인해 몇 해 동안 불이익을 받고 힘겨운 군 생활을 해야만 했던 그를 바라보면서 얼마나 가슴이 아팠던지.

한번은 정신건강의학과 병동에 입원 중이던 우울증 환자가 외박을 나갔다. 워낙 오랫동안 병원 생활을 착실히 했고 병도 호전되고 있어서 나는 외박을 허락했다. 물론 그녀를 데리러 온 조부모에게 외박의 위험성을 충분히 숙지시켰고, 집에서 반드시 지켜야 할 사항들을 재차 알렸다. 환자는 할머니 할아버지의 손을 잡고 인사차 외래에 들렀고, 나는 잘 다녀오라고 인사까지 건넸다. 그런데 그녀가 떠나고 나서 갑자기 시골에 있는 환자 어머니로부터 전화가 왔다. 어젯밤 꿈자리가 뒤숭숭했다며 딸의 외박을 허락하지 말아 달라고 간청했다. 나는 어머니께 이렇게 말했다. "어머니, 염려 마세요. 그 결정은 의사인 내가 합니다." 하지만 그날 밤 환자는 아파트에서 투신해 자살로 생을 마감했다.

나는 그 일로 오래도록 죄책감과 후회를 가슴에 안고 살았다. 환자 어머니의 말을 더 진지하게 들었다면 좋았을 것을…. 내가 던진 섣부른 말이 날카로운 화살이 되어 내 심장에 꽂혔다.

후회는 자기 자신에게 내리는 판결이다. 물론 법률적으로 책임을 질 필요도 없었고, 환자나 환자의 보호자로부터 항의를 받은 적도 없었다. 하지만 나 자신만의 도의적인 판결에서 나는 죗값을 받아 마땅했다. 그로 인한 괴로움을 참 오래도록 간직하며 살았다.

후회 없는 인생을 살 수 있다면 좋겠지만, 안타깝게도 무결점의 인생은 불가능하다. 마음먹고 남을 해하는 일은 당연히 해서는 안 되지만, 신이 아닌 이상 열심히 살아가는 과정에서 저지르는 실수까지 피해 갈 수는 없는 노릇이다. 내 가슴에 후회와 죄책감으로 남은 사건도 대개는 내가 의도한 일들이 아니었다. 그러고 보면 일평생을 살면서 얼마나 많은 실수를 저지르고 남에게 아픔을 주었을까. 나로서는 온당하다고 생각해 그냥 넘어갔거나, 아예 기억조차 남지 않은 실수까지 세어 보자면 그 끝을 헤아리기 어려울 것이다.

네팔 친구 라즈반다리 씨와 칼린초크 산에 오를 때였다. 몇백 개의 계단을 올라 정상에 도착하니, 힌두교 인들이 제물을 바치고 순례를 하는 사원이 나왔다. 우리는 그곳에서 명상을 마치고 반대편에 있는 내려가는 길로 향했다. 내려가는 길도 올라가는 길과 마찬가지로 몇백 개의 계단으로 이루어져 있었다. 막 걸음을 떼려는데 그가 갑자기 물었다.

"닥터 리, 지금까지 살면서 죄 지은 일이 있나요?"

나는 잠시 멈칫했다. 작심하고 남에게 해를 끼친 적은 없었기에 나는 "없는데…"라고 대답했다. 그랬더니 그가 말했다. "죄를 지은 사람은 이 계단을 내려갈 때 재앙을 받는다고 합니다."

내려오는 내내 다리가 후들거리고 온몸이 경직되었다. 이 모습을 본 그는 농담이었다며 껄껄 웃었다. 하지만 농담이든 진담이든, 내가 땀을 뻘뻘 흘리며 내려오는 모습을 나도 보았고 그도 보았다.

나에게도 내가 모르는 죄가 있음이 분명했다. 생각해 보면 삶 자체가 나와 세상 사이에 영향을 주고받는 과정이다. 세상에 빚진 거 하나 없다는 사람들도 따지고 보면 세상 덕에 존재한다. 그가 먹고 마시는 물과 음식, 공기가 어디서 나왔는가. 지구의 다른 생명들로부터 얻은 것이다. 많은 생명이 우리의 생존을 위해 상처 입고 소멸당했다. 살아가기 위한 선택의 결과로 누군가에겐 상처를 입히는 것, 그게 인간의 숙명이다. 그러니 나라고 해서 죄로부터 자유롭겠는가.

앞서 언급했듯 네팔 인들은 인간 수명을 100세로 설정하고 25년 단위로 생애 주기를 구분했다. 그중 51~75세에 해당하는 시기가 바로 참회의 시기다. 왜 네팔 인들은 생의 결실을 수확하고 쉬어 가기에도 부족한 시기에 참회를 하라고 역설했을까. 정신분석학자 에릭 에릭슨은 인간의 정신 발달을 8단계로 구분하고, 마지막 단계에서의 발달 과제를 통합감으로 명명했다. 통합이란 지난 생의 긍정적인 측면뿐 아니라 부정적인 측면도 모두 삶의 일부였음을 받아들이는 태도다. 즉 실수와 잘못으로 인한 후회와 자책도 있지만, 그런데로 행복하고 만족스러운 인생이었다고 스스로 평가하는 자세다. 이런 경지에 오른 자만이 다가올 죽음을 덜 두려워하면서 절망감에 휩싸이지 않는다. 진정한 자유를 획득하는 것이다.

그러므로 나이가 들면 진지하게 참회의 시기를 거쳐야 한다. 의식적인 수준에서의 잘못만 떠올릴 일이 아니다. 열심히 살아오면서 나도 모르게 다른 사람들에게 해로움을 준 일은 없는가, 나로 인해 한이 맺힌 사람은 없는가, 의도치 않더라도 죄를 감춘 일은 없는가 등을 차분하게 생각해 보라. 마음 깊이 간직한 후회와 부끄러움마저도 결국은 내 삶의 일부다. 자기 자신을 온전히 받아들이는 자야말로 축복받은 노년을 보낼 수 있다.

삶과 평화롭게 이별하는 법

죽음에 대하여

"할아버지, 할아버지 연세쯤 되면 뭘 생각하세요? 그게 늘 궁금했어요. 저는 아직 할아버지 연세를 살아 보지 않았으니 까요."

20대 중반이 된 손자가 갑자기 밥을 먹다 말고 나에게 물었다. 곰곰 생각하다가 이렇게 대답했다.

"그게 궁금하니? 할아버지는 죽음이란 것을 생각하고 산단다."

손자가 깜짝 놀랐다. 그가 보기에 할아버지의 생활은 활기 있어 보여서 죽음과는 거리가 멀다고 느꼈나 보다.

"할아버지는 죽음이 두려우세요?"

"그럼 두렵지. 아무도 죽어 본 사람이 없잖니. 모르니까 더 두렵단다. 하지만 두려워한다고 영생할 수 있는 것은 아니잖니. 모든 생명이 수명을 다하면 사그라지니까. 그래서 지금은 하루를 더 감사하고 즐겁게 살고 싶은 마음이란다."

손자는 갸우뚱했다. 아마 머리로는 이해해도 가슴으로는 받아들이기 어려울 것이다. 나도 젊을 때는 삶과 죽음을 절박하고 심도 있게 느끼지 못했다. 죽음을 진지하게 생각하기까지는 세월이나 특수한 계기가 필요한 법이다.

아버지는 마흔아홉의 나이로 세상을 떠나셨다. 내가 고등학생 때였다. 아버지가 돌아가시자 내 마음엔 죽음에 대한 비논리적이지만 강력한 불안이 자리 잡았다. 바로 아버지보다 오래 살지는 못할 거라는 불안이었다. 마음 깊은 곳에 둥지를 튼 막연한 감정이었기에, 그것을 직시하기까지 오랜 시간이 걸렸다. 나는 마흔여덟 살에 처음으로 히말라야에 갔다. 우연히 학술 단체 요원으로 뽑혀 간 네팔행이었지만, 나는 학술 조사가 끝나고도 개인적으로 6개월간 네팔에 머물며 이곳저곳을 트래킹했다. 셰르파 한 명과 천막을 이고 해발 5천 미터의 고봉을 오르며 내 안에 자리한 불안의 정체를 직면했다. 그동안 외면하기만 했던 그 감정은 다름 아닌 죽음에 대한 두려움이었다. 그 후로 죽음은 의식 수준으로 올라와 내 삶의 화두가 되었다.

언제 갑자기 죽을지 모른다는 불안이 현실로 다가온 사건이 있다. 2003년 네팔에 의료 봉사를 갔을 때 갑자기 한쪽 눈이 잘 보이지 않았다. 갑작스러운 기후 변화로 인해 산에 간 대원들을 다급히 챙기느라 바짝 긴장해서인지, 눈의 혈관이 터져 버린 것이다. 귀국 후 대학병원에서 수술을 받았지만 결국 한쪽 눈의 시력은 잃고 말았다. 하지만 그 과정에서 선천적으로 심장 혈관이 좁은 것을 발견했다. 당장 수술을 받아야 할 만큼 시급했다. 그 수술이란 팔의 동맥을 따서 심장 혈관에 이식하는 수술이었다. 수술 부위가 심장이고 동맥을 건드리는 만큼 매우 위험하고 난이도가 높았다. 그야말로 생사의 확률이 50 대 50이었다. 그때 나는 마음먹었다. 수술을 받고 다시 깨어난다면, 남은 생은 그야말로 덤이라고. 본전 생각에 아쉬워하거나 쓸데없이 욕심부리지 않겠다고. 다행히 수술은 성공적이었고, 마취에서 깨어났을 때 나는 다시 눈을 떴다는 사실에 쾌재를 불렀다. 그다음부터 매일 아침 눈을 뜨면 맨 먼저 하는 생각이 '아, 죽지 않고 오늘도 살았구나'이다. 기적같이 살아나서 오늘이라는 시간을 선물로 받았으니, 무슨 일인들 감사하지 않으랴. 수술 이후 나는 웬만한 일에도 만족하는 법을 배웠다. 죽음의 공포가 사라진 것은 아니지만 더 이상 죽음에 대한 두려움에 크게 사로잡히지 않았다.

그리고 13년 후인 2015년, 나는 다시 한번 삶을 덤으로 받았다. 평소처럼 연구실에 출근하기 위해 주차장으로 내려가다가 발을 헛디뎌 머리를 크게 다친 것이다. 주차장에 쓰러진 채 머리를 만져 보니, 피가 홍건하고 두개골이 함몰된 듯했다. 구급차를 타고 병원을 향하면서 생각했다. '아, 내 인생도 이렇게 끝을 맺는구나.' 죽음이라는 단어가 생생하게 스쳐 지나갔다. 그럼에도 불구하고 그렇게 불안하지 않았다. 심지어 이런 생각까지 했다. '아쉽다. 기왕 다칠 거라면 한 달간 말미를 주시지. 그러면 원고를 출판사에 넘겨 놓을 텐데.' 이상한 일이었다. 그토록 죽음이 두려웠던 내가 죽음 앞에서 이리도 침착하다니. 그러나 내 예상과는 달리 머리에는 외상만 있을 뿐 뇌 손상은 없었다. 입원 생활은 힘들고 불편했지만, 이번에도 생명에 지장이 없는 상태로 퇴원했다. 그렇게 나는 또 새 생명을 얻었다. 새로운 생명으로 치자면 이제 겨우 열한 살이 된 셈이다.

　죽음은 언제나 내 삶의 언저리에 그림자를 드리웠다. 한때는 죽음이 두려워 도망치고 싶었다. 그러나 살아 있는 인간이 죽음의 공포로부터 완전히 자유로워지기는 불가능하다. 오히려 언제든 죽을 수 있는 운명임을 인정할 때 내 삶이 달라졌다. 여러 차례 위기를 겪고도 여전히 살아 있다는 사실이 신기하고, 하루하루가 새롭고 감사하다. 이제는 알겠다.

그토록 두려웠던 죽음 덕분에 삶을 더욱 뜨겁게 살 수 있었다는 사실을.

이렇게 말하면 사람들은 내가 죽음 앞에서도 불안하지 않은 '도인'쯤 된다고 생각할지 모르겠다. 그러나 죽음이 두렵지 않은 인간이 세상에 어디 있으랴. 죽음이 삶에 준 선물은 매우 고맙게 생각하지만, 죽음은 여전히 생경하고 무서운 대상이다. 다만 결국 죽음을 피할 수 없는 운명이기에, 되도록 불안한 마음을 달래면서 생활해 나가려고 노력할 뿐이다. 매일 아침 '오늘도 눈을 떴구나' 하는 짧은 환희 뒤에는 한 번도 빠지지 않고 죽음이란 단어가 따라온다. 그럴 때면 나는 '이왕 오늘도 눈을 떴으니 약속된 일을 즐겁게 마무리하자'라는 생각으로 두려움을 달랜다. 그러면 죽음이란 단어는 일과를 마칠 때까지 내 의식 속에서 물러나 준다. 고마운 일이다.

어릴 때 외갓집에 가면 나이 드신 어른들이 관을 짜서 대청마루에 두고 아침저녁으로 들어가 누우시곤 했다. 다가올 죽음을 받아들이는 연습이었다. 죽음에 대한 두려움은 절대로 극복할 수 없다. 다만 죽음에 익숙해져서 공포에 사로잡히지 않도록 노력할 뿐이다. 즉 죽음을 받아들이는 마음의 준비를 할 수 있을 뿐이다. 만약 죽음을 받아들이지 못하면, 마지막까지 분노와 억울함에 휩싸여 자신과 주변 사람들을 괴롭히게 된다. 모든 걸 정리하고 감사하는 마음으로 평화롭게 보내야 할 말년에, 세상에 대한 분노와 타인에 대한 증오로 몸부림치게 된다. 이럴 경우 본인도 괴롭지만, 사랑하는 사람을 그런 식으로 보내야 하는 주변 사람들의 가슴에는 더 큰 상처가 남는다.

죽음은 일생에서 가장 중요한 손님이다. 그러므로 차근차근 정성스레 맞을 준비를 해 나가야 한다. 죽음을 자연스럽고 평안하게 맞이하는 것만큼 사랑하는 사람들을 위한 값진 선물도 없다. 그래서 나도 매일 죽음을 잘 맞이하기 위해 연습한다. 내가 죽은 다음에 자식들과 손자들이 웃으면서 내 이야기를 나눌 수 있도록 말이다.

지금 당장 베풀 수 있는
일곱 가지 나눔

세상에 대하여

"되돌아보니, 나는 참 좋은 사람들과 많이 만났습니다."

선배 교수님이 가족아카데미아 회원들을 대상으로 강의를 하던 중에 이런 말씀을 하셨다. 일부러 좋은 사람들만 가려서 만난 것은 아니지만, 지난 세월을 돌이켜보니 다행히도 곁에 좋은 사람들이 많았다는 뜻이었다. 선배님은 운이 좋았다고 겸손하게 표현하셨다. 그러나 온화한 미소로 주위를 따뜻하게 물들이는 선배님의 고운 성품을 아는 나는, 그동안 베풀어 온 친절 덕분에 선한 인연을 맺은 것이라 생각했다.

세상에 혼자 잘나서 잘 사는 사람은 없다. 무심코 먹는 밥한 끼에도 수없이 많은 인연이 담겨 있는데, 한 사람의 인생은 말해 무엇하랴. 낳아 준 부모, 가르쳐 준 스승, 함께해 준 친구뿐만 아니라 잠깐 스쳐 지나간 인연들이 베푼 은혜 덕분에 지금의 내가 있다. 이런저런 얽힘을 생각하면 이 세상에 빚이 아닌 것이 없다. 그래서 우리는 죽을 때까지 베풀고 나누며 살아가야 한다.

내가 네팔 의료 봉사를 시작한 건 1989년부터다. 계기는 산이 좋아서였다. 나는 마음속으로 늘 히말라야를 꿈꿨다. 그러다가 1982년 학술원정대에 뽑혀 처음으로 네팔을 방문했고, 차츰 네팔 사람들의 정신적 문화적 힘에 매료되었다. 나에게 깨달음을 선물하는 네팔인들을 위해 무엇을 할 수 있을까? 의사인 내가 잘할 수 있는 일이 의료 행위였다. 이화네팔의료봉사단이라는 단체를 만들어 2001년 퇴임할 때까지 13년 동안 매년 겨울방학을 이용해 오지의 환자들을 돌봤다. 그 후로는 가족아카데미아를 중심으로 네팔 캠프를 조직해 봉사를 계속해 왔다.

봉사의 다른 한 축은 50년 넘게 이어져 온 광명보육원 후원이다. 인연은 어머니로부터 시작됐다. 타인에 대한 측은지심이 강했던 어머니는 6·25 전쟁 때 대구로 피난 온 광명보육원 아이들을 돌봤다. 그런데 훗날 군의관으로 입대하여 발령받은 곳이 뜻밖에도 광명보육원 옆이었다. 그때부터 보육원을 도왔다. 특히 정신건강의학과 의사로서 아이들 마음 깊은 곳에 자리한 상처를 세심하게 치유해 주고 싶었다. 그래서 '무하문화사랑방'을 열어 아이들을 위한 예술 체험 교육을 진행했다.

사람들은 나를 치켜세우며 어떻게 오랜 세월 지치지 않고 봉사를 해 왔느냐고 묻는다. 하지만 내가 작정하고 봉사를 이어 온 게 아니기에 "하다 보니 그렇게 됐습니다"라고 대답할 수밖에 없다. 그저 네팔이 좋았고, 네팔에서 내가 할 수 있는 일은 의료 활동뿐이었다. 또 보육원 아이들의 응어리진 마음을 풀어 주기에 예술 활동이 가장 좋았고, 시와 그림을 즐기던 내 곁에는 시인과 화가가 많았다. 나는 그들이 서로를 만날 수 있도록 연결해 주었을 뿐이다. 그때그때 할 수 있는 일을 했을 뿐, 특별하게 '봉사'를 준비한 기억은 없다. 그런데도 평생 봉사하는 삶을 살았다며 치켜세워 주니 이래저래 겸연쩍을 수밖에.

누구나 나누며 살아야 한다고 생각한다. 그런데 무엇을 나눌 것인가를 물으면 다들 거창한 것부터 떠올린다. 시간을 내서 봉사를 가거나 뭉칫돈쯤은 기부해야 한다고 여긴다. 그래서 나눔을 어려워한다. 당장 가진 게 없으니 일단 돈을 더 벌고 여유로워진 다음에 나누겠다고 미룬다. 하지만 나눔에는 물질적인 베풂만 있는 게 아니다. 지금 내가 가진 범위 내에서, 지금 당장 할 수 있는 일로도 충분히 나눔을 실천할 수 있다.

어느 날 택시를 탔는데 기사가 내 나이를 물었다. 그냥 말해 주기에는 영 심심해서 1935년생이라고 답을 주었다. 잠시 햇수를 계산하던 기사가 대꾸했다. "그렇게 안 보이시는데요. 정정하셔서 보기 좋습니다." 나는 속으로 웃었다. 내가 확진받은 병명만 해도 몇 개인데 정정하다니. 본심이기보다는 나를 기분 좋게 해 주려는 기사의 친절이었다. 그의 따뜻한 마음이 전해져 "정정하게 보인다니 고마워요"라고 대답했다.

택시를 타고 가는 동안 기사는 그의 아버지에 대한 추억을 이야기했다. 그리고 내릴 때가 되어서 내가 카드를 내밀자 손을 저으며 말했다. "아버지가 81세에 돌아가셨습니다. 아버지에게 잘해 드리지 못해서 늘 마음이 아팠어요. 그래서 제 차를 타는 손님 중에 82세를 넘은 분들은 무조건 요금을 받지 않고 있습니다." 아버지를 향한 그리움과 아쉬움을 노인에 대한 배려로 달래는 그가 참 멋졌다. 이보다 기분 좋은 나눔이 또 있을까 싶었다.

또 택시에서 겪은 이야기다. 고려대학교 대학원에서 한 과목을 맡아 강의할 때였다. 동대문 병원에서 택시를 잡았다. 앳된 기사가 행선지를 물었다.

"고려대학교에 갑니다."

"고려대학교 안으로 들어가세요? 어느 학관인지 말씀해 주시면 모셔다드리겠습니다."

배려가 남다른 택시기사였다. 그는 고려대학교 교정을 능숙하게 운전해서 목적지에 차를 세웠다. 그런데 요금을 줬더니 안 받겠다고 하는 게 아닌가. 다름이 아니라 자기가 고려대학교 학생인데, 모교에 수업하러 가시는 선생님께 요금을 받을 수는 없다고 했다. 그는 방학을 맞아 학비를 벌려고 아르바이트를 하는 중이었다. 넉넉지 않은 형편에도 무엇이든 나누려는 그의 마음 씀씀이에 감동한 나는 넉넉한 요금을 손에 쥐여 주고는 달아나듯 자리를 떠났다.

불가에서는 물질이 아니어도 베풀 수 있는 일곱 가지 보시를 무재칠시(無財七施)라고 한다. 부드럽고 편안한 눈빛, 자비롭고 미소 띤 얼굴, 공손하고 아름다운 말씨, 친절한 행동, 착하고 어진 마음, 편한 자리를 양보하는 자세, 잠잘 곳을 제공해 주는 배려가 그것이다. 생각해 보면 우리의 가슴을 따뜻하게 만들어 준 베풂은 대부분 사소하고 섬세한 것들이다. 내가 받고 싶은 것을 타인에게 베풀면 그 자체로 훌륭한 나눔이다.

뭐든지 거창하게 생각하면 시작조차 어려운 법이다. 봉사도 마찬가지다. 봉사를 특별하게 생각지 말라. 나눔은 결코 여분의 시간과 재물로 하는 것이 아니다. 찾아보면 지금 내가 가지고 있는 것, 할 수 있는 일에서도 베풀 거리가 많다. 그것들을 찾아서 하나씩 실천해 보는 것이야말로 나누는 삶으로 가는 지름길이다.

5장

오늘 하루,
유쾌하게 나이 드는 법

사소하고도 소중한 추억들이 모여 인생을 빛나게 한다.
추억은 무엇과도 바꿀 수 없는 재산이다.
우리는 일상의 곳곳에서 즐거울 수 있다.

인생 후배들에게 전하는
세 가지 당부

몇 년 전에 정년 퇴임을 맞은 제자 한 명이 찾아왔다. 남들보다 유별나게 '정년 앓이'를 겪는 사람이 있는데, 그 제자가 그런 듯했다. 노년기에 연착륙하기에 충분한 조건들을 갖추고 있음에도 불구하고 불안하다고 했다. 몸도 불편하고, 기억력도 떨어지고, 대인 관계에서 적절성도 떨어지고, 어디에서도 위로받을 곳이 없다는 것이다. "인생이란 다 그렇게 나이 들어 가는 거다"라고 조언했더니 더 불안해했다.

어떤 위로가 그에게 합당할까. 사실 나이가 들면 잃는 게 참 많다. 우선 몸이 옛날 같지 않다. 늙는다는 것 자체를 병리 현상으로 보는 학자도 많다. 몸이 온전하지 못해 힘이 들고,

정신도 분별력을 점차 잃어 간다. 그러니 나이 들어 좋은 일이 얼마나 있을까. 이런 악조건 속에서 그나마 어느 정도 운신이 가능한 노년을 보낼 수 있다면 축복이라 할 만하다.

나는 그가 남들보다 많은 것을 갖고 있다고 일깨워 보았다. 그동안 연구도 많이 했고, 후학들도 잘 가르쳐 놓았으며, 알뜰하게 저축한 자산도 있고 연금도 나오니, 그는 노후 준비가 매우 훌륭한 편에 속했다. 게다가 퇴임 후 이곳저곳에서 강의하며 소일을 하고 있었다. 그런데도 그는 지난날을 생각하면 헛되게 살아온 것 같고, 미래를 떠올리면 암담하기만 하단다.

그가 엄살을 피우는 것은 아니었다. '그때 좀 더 이렇게 했으면 좋았을걸'이란 아쉬움은 누구에게나 있다. 또 나이가 들면 살아갈 날이 얼마 남지 않았다는 사실에서 불안이 엄습한다. 그러나 나이 듦은 누구도 비켜 갈 수 없기에 불안에만 사로잡히는 것은 아무런 도움이 안 된다. 그래서 앞으로 노인의 반열에 오르게 될 후배들을 위해 경험을 토대로 나름의 몇 가지 훈수를 적어 보았다.

첫째, 노인이 된다는 것을 받아들이고 '그럼에도 불구하고' 하는 마음을 갖추라. "선생님, 젊어 보이십니다." 이런 말에 현혹돼서는 안 된다. 아무리 젊어 보여 봤자 먹은 나이가 어디로 사라지는 것은 아니다. 젊어 보인다는 게 젊다는 뜻은 아니다. 그런데도 스스로 젊다고 우긴다면 그만큼 어리석은 짓이 없다.

노인이 가진 조건이란 유리한 것이 별로 없다. 둘러보면 우울한 일, 슬픈 일이 더 많다. 그러나 '그럼에도 불구하고' 하는 마음으로 살펴보면 전부 나쁜 조건만 있는 건 아니다. 몸도 마음도 불편하지만, 그래도 소일을 할 구석은 어디엔가 있다. 지금까지 가치 있는 일이라고 생각하지 않았을 뿐, 분명 할 수 있는 일이 숨어 있다.

지금의 '나'는 지난 과거의 결과물이다. 누구에게나 과거에 축적한 지식과 경험이 있게 마련이다. 이게 바로 숨어 있는 재간이다. 만약 재간을 못 찾겠다면, 그것은 쌓아 온 결과물을 과소평가하고 있기 때문이다. 크든 적든 내 삶의 결과물은 참 소중한 것이다. 일생을 투자해서 일군 결과를 자신이 과소평가한다면 남들도 그 가치를 소중하게 보지 않을 게 분명하다. 자신의 나이를 기꺼이 받아들이고 그 틈새에서 '그럼에도 불구하고' 무슨 재간이 있는지 살펴보기를 권한다. 틀림없이 자기만의 것이 존재한다.

둘째, 서두르지 말고 '야금야금' 실천해 보라. 숨어 있는 재간을 찾았다면 실천으로 옮겨야 한다. 알았다고만 하고 실천이 없다면 머리만 복잡해질 뿐이다. 세월이 얼마 남지 않았다고 초조해하지 말라. 마음만 급할 뿐 몸이 따라 주지 못한다. 그러니 조급함은 내려놓고 과정을 즐겨 보자. 즐겁지 않은 것이 없을 거다. 나이가 들면 결과에 집착할 것이 아니라 과정을 즐길 줄 알아야 한다. 젊어서 처절하게 경쟁하면서 살아왔다면 그 가치를 보상받아야 한다. 그 보상이 다름 아닌 '야금야금' 하는 '과정의 즐거움'이다.

'야금야금'은 여유로운 마음에서 비롯된다. '야금야금' 행동한다는 것은 마치 가랑비에 옷이 젖는 것과 같다. 여유롭게 과정을 즐기겠다고 마음먹으면, 급할 때는 보이지 않던 것들이 점차 눈에 띈다. 새로운 발견이 늘어날수록 즐거움이 커지고, 즐거움은 꾸준함으로 이어진다.

셋째, 내가 거둔 곡식을 남과 비교하지 말라. 장 프랑수아 밀레의 〈만종〉은 일과를 끝낸 농부 부부가 경견하게 감사 기도 드리는 모습을 그린 그림이다. 나는 이 그림이야말로 노년의 가장 이상적인 모습이 아닐까 싶다. 1년 동안 정성 들여 가꾼 곡식을 수확하면서 지금 이 순간을 온전하게 받아들이는 태도. 곡식이 풍족하든 모자라든 내 노고의 결과로 받아들이면서 기도하는 모습.

나이가 들면 지나온 삶을 그 자체로 온전히 받아들이고 감사할 줄 알아야 한다. 노년기의 평온과 만족감은 과거를 얼마나 수용하느냐에 달렸다고 해도 과언이 아니다. 얼마 남지 않은 삶을 과거에 대한 집착과 미래에 대한 불안으로 흘려보낸다면 얼마나 무의미한가. '봄에 좀 더 거름을 주었더라면', '추수가 얼마 안 되었네', '다른 사람들은 훨씬 수확량이 많던데' 하는 생각을 멈추고, 지금 가진 곡식을 어떻게 쓸까를 꿈꿔 보길 바란다.

나이 들어 가장 좋은 일을 꼽으라면 단연 책임과 의무로부터의 해방이다. 우리는 과거에 어떤 삶을 살았는가. 먹고 살기 위해, 더 잘 살기 위해 앞만 보며 허겁지겁 달려오지 않았던가. 결과와 속도만 강조하는 세상에서 살아남느라 나와 주변을 돌아볼 여유도 제대로 누리지 못했다. 나이 들어 찾아오는 우울감의 원인 중에는 하고 싶은 일을 맘껏 해 보지 못했다는 자책감도 크다. 그렇다면 이제부터라도 진정 자유로운 자신을 꿈꿔 보는 것도 가치 있는 일이다. 내가 나답게 살 때 가장 빛나는 나의 존재감이 있다. 하루를 살아도 내 인생이다. 이런 가치를 실현할 수 있는 시기가 바로 노년기이고, 인생 후반전에 들어선 때부터 준비하면 더욱 좋다.

우리 생애는 과거도 중요하고 미래도 중요하다. 그러나 '오늘'이 없이는 아무 소용이 없다. 지금 여기에서 빛나는 행복을 찾아 설계해 보길 바란다.

돈, 치열하게 벌되
한 가지만 기억할 것

3년 전, 대학교에 다니던 외손자에게서 전화가 왔다.

"할아버지, 알바 있어요?"

눈이 나빠진 후로 혼자 글을 쓸 수가 없어서 손자들에게 시간이 나는 대로 구술한 내용을 타이핑하도록 부탁하고 '알바비'를 지불했는데, 그 일을 더 할 수 없겠느냐는 질문이었다.

"너 하던 알바는 어쩌고?"

"잘렸어요."

당시는 코로나로 인해 많은 '알바생'들이 우후죽순 잘려나가던 시기였다. 손자는 그나마 오래 버틴 거라고 했다. 청년들의 어려움을 뉴스로만 접하다가 손자를 통해 직접 들으니 가슴이 찡했다. 그래서 무엇을 같이 하면 좋겠는지 생각해 오라고 했다. 며칠 뒤 손자는 유튜브 채널을 만들어 보자고 했다. '이근후 STUDIO'는 그렇게 만들어졌다. 손자가 기획자, 나는 출연자였다. (이 채널은 손자가 학사 장교로 임관하면서 문을 닫았다.)

콘텐츠를 만드는 동안 손자와 다양한 주제를 가지고 대화를 나누었다. 덤으로 요즘 청년들의 고민과 생각을 엿볼 수 있었는데, 가장 신선하게 다가왔던 것은 그들이 투자에 관심이 크다는 점이었다. 여러 군데에서 정보를 모아 직접 주식에 투자할 뿐만 아니라 비트코인 같은 가상자산에도 관심이 많다고 했다. 열심히 일해서 예적금을 들던 우리 때와는 완전히 달랐다. 돈을 잘 모르는 내가 보기에 그들은 준경제 전문가 같았다.

그런 얘기를 나누고 얼마 후, 서른 살 아들을 둔 어느 어머니가 찾아왔다. 그녀는 아들 때문에 걱정이 많았다. 한 직장에서 진득하게 일하며 자리를 잡았으면 좋겠는데, 너무 쉽게 일을 그만두었기 때문이다. 그 아들은 월급을 받는 족족 주식에 투자했다. 어머니는 그런 삶이 불안하고 게을러 보였지만, 아들은 자신의 주업은 투자자요, 직장은 씨드머니를 만드는 수단일 뿐이라고 했다.

걱정하는 어머니에게 나는 그냥 놔두라고 이야기했다. 우선 서른이나 먹은 자식에게 이래라저래라 해 봐야 소용이 없고, 자기 돈으로 하는 일에 감 놔라 배 놔라 할 수도 없는 노릇이다. 더군다나 아이들은 고도화된 자본주의 사회를 헤쳐 나가야 하는 주인공이다. 그들에게 부모 세대의 경험을 들이밀어 봐야 얼마나 도움이 되겠는가. 결국 그들 스스로 부딪혀 가며 경험을 쌓아 나가는 수밖에 없다.

내가 어렸을 때 부모님은 '돈 보기를 돌같이 하라'고 가르치셨다. 그래서 나는 여전히 돈에 대해 미숙하다. 호주머니에 돈이 생기면 얼른 써 버려야 마음이 편하다. 또 내가 청년이었을 때 나라는 절약과 저축을 강조했다. 개인의 저축을 바탕으로 기업에 대규모 대출을 해 주고, 기업은 수출로 돈을 벌어 오던 시절의 경제 정책이었다. 그러던 것이 1990년대에 이르자, 아예 정반대 이야기가 나오기 시작했다. 절약하지 말고 소비하라는 것이다. 국민들이 물건을 사야 경제도 돌아가니, 구두쇠처럼 아끼지 말고 현명하게 쓰고 살라며 소비를 독려했다. 내가 살아온 세월만 돌이켜 봐도 돈을 대하는 시선이 이렇게 180도 달라졌다. 그런 마당에 돈에 대해 도대체 이전 세대가 무엇을 가르쳐 줄 수 있을까. 내가 손주들에게 돈 보기를 돌같이 하라고 하면, 그들은 헛웃음을 터트리고 말 것이다.

백세시대를 살아가야 하는 사람들에게 돈 공부는 선택이 아니라 필수다. 돈은 가만히 두면 가치가 떨어진다. 예적금만 믿고 있다간 낭패를 본다는 뜻이다. 현명하게 투자도 해야 하고, 노후를 위해 연금도 든든히 마련해 두어야 한다. 일을 열심히 하는 것도 중요하지만, 돈을 굴리고 관리하는 데도 그만한 정성과 시간을 들여야 한다. 그래서 나는 치열하게 돈을 벌고 정성껏 관리할 줄 아는 요즘 사람들이 대견하다. 내가 돈 관리 능력을 키우지 못했기 때문에 더욱 그렇다. 자본주의 사회에서 중요한 것은 누가 뭐래도 첫째는 돈이다. 돈 없는 노후는 너무나 힘들고 슬프다.

미래의 걱정과 불안을 덜어 주고, 하고 싶은 일을 하게 하는 돈. 누구나 돈을 소중히 여기고, 돈을 벌려고 노력한다. 돈의 역할과 가치에 대해서는 대체로 이견이 없다. 그럼에도 불구하고, 돈을 얼마나 벌고 싶으냐고 물으면 대번에 답하는 사람은 적다. 내 집을 마련하고, 자식을 교육시키고, 부모를 봉양하고, 죽을 때까지 생활비로 쓰려면 필요한 돈의 양은 끊임없이 늘어날 뿐이다.

정신건강의학과 의사로 일하던 시절, 가난하다는 망상에 사로잡힌 환자가 있었다. "제게는 고작 이것밖에 없어요"라며 눈물을 흘렸지만 손에 쥔 수표와 현금만 세어도 웬만한 서민보다 훨씬 부자였다. 그런데도 그 환자는 온 가족을 들들 볶으며 한겨울에도 난방을 전혀 하지 못하게 했고, 쌀은 창고에 그득히 쌓아 놓고도 먹지 못하게 했다. 물론 그 환자는 치료가 시급한 상태였지만, 보통 사람들이라고 해서 얼마나 다를까. 번아웃 증상으로 병원을 찾은 사람들의 상담이 벽에 부딪치는 지점도 돈 문제였다. 그들은 돈 걱정에 건강과 가족 관계가 망가져도 일을 멈추지 못했다.

돈에 대한 기준이 없다면, 돈은 아무리 벌어도 부족하다. 다시 말해 얼마큼이면 충분한지 스스로 목표를 정해야 돈에 휘둘리지 않고 주체적인 선택을 내릴 수 있다. 이는 투자를 하는 사람들한테도 중요한 화두다. 투자의 목표를 정해 두어야 원금까지 몽땅 잃는 위험한 선택을 하지 않는다. 그리고 그 목표는 '어떤 삶을 살 것인가'와 연동된다. 유한한 삶을 통해 이루고 싶은 가치—사랑, 우정, 성취, 봉사 등—와 동떨어진 채 오직 돈만을 추구한다면 거기에는 끝이 없을뿐더러, 겨우 성공하더라도 결국 공허해진다.

"선생님, 돈이 없으면 너무 불안해요."

50년간 상담을 하면서 숱하게 들은 얘기다. 사람들이 돈 걱정을 멈출 수 없는 것도 바로 불안 때문이리라. 하지만 나는 반대로 얘기하고 싶다. 돈 걱정을 불안 탓으로 돌리지 말라고 말이다. 돈을 아무리 모아도 불안은 사라지지 않는다.

　불안은 인간이 생존을 위해 발달시킨 기능이다. 먼 옛날 무서운 동물의 공격과 자연재해로부터 목숨을 지키려면 늘 위험을 경계해야만 했다. 인간의 감각은 위험한 정보를 민감하게 받아들이고 이에 기민하게 대처하도록 발달했다. 이제는 동물의 공격이 더 이상 생존을 위협하지 않는 시대이지만, 여전히 우리의 귀는 부정적인 정보에 더 쫑긋하고, 불투명한 앞날을 떠올리면 걱정부터 일어난다. 불안해하고 걱정하는 것이 인간의 타고난 본성이다. 이는 돈을 아무리 모은다고 달라지지 않는다. 오히려 불안을 달래고 평온을 유지하도록 끊임없이 마음을 돌볼 줄 알아야 한다.

　아흔에 이르고 나니 불안이 한꺼풀 옷을 벗은 듯 조금은 뚜렷해 보인다. 바로 죽음에의 두려움, 그것이 불안의 본체가 아니었나 싶다. 젊은 날에는 죽음이 나와는 상관없는 일인 양 묻어 두고는 여러 일에 분주하게 몸을 움직였다. 하지만 부정할 수 없이 죽음이 가까이 다가와 있는 현재, 살아 오는 내내 모른 척했던 죽음에의 공포는 늘 내 뒷덜미를 잡고 있었다. 죽음에 대한 불안은 인간이 가지는 기본적인 불안이다. 그것을 묻어 두고 싶어서 열심히 일도 하고, 돈을 쫓기도 하는 것이다.

　그러나 죽음에서 벗어날 수 있는 생명체는 없다. 우리는 모두 죽음에 이른다. 인생은 유한하다. 돈이 잠시 영원에 대한 환상을 채워 줄지 모른다. 그러나 잠깐뿐이요, 허깨비일 뿐이다. 젊은 시절에 죽음을 바로보기란 무척 어렵다. 그렇더라도 머리 한구석에는 죽음이란 것이 존재한다는 사실만은 잊지 말기를. 치열하게 돈을 벌되, 불안의 뿌리 끝에 죽음이 있다는 점을 기억하기를. 정체를 모르는 불안은 돈에 휘둘리게 만든다. 반대로 불안이 해결해야 할 문제가 아니라 인간의 운명임을 받아들이면, 무작정 불안해지지는 않는다. 돈만 쫓던 마음에 브레이크가 걸린다. 그리고 정말로 소중한 것들에 눈을 돌릴 여유도 생긴다.

돈은 자신을 견제해 줄 짝꿍과 붙여 놓을 때 말을 잘 듣는 학생처럼 온순해진다. 돈의 주인인 우리는 돈이 그 짝꿍을 잃어버리지는 않는지를 늘 감시해야 한다. 치열하게 돈을 벌되, 돈 옆에 죽음을 항상 세트로 붙여 놓을 것. 이것이 매일매일 열심히 돈을 버는 우리 모두와 함께 나누고 싶은 이야기다.

다 큰 자녀는
되도록 빨리 독립시킬 것

　민주화를 향한 열기가 뜨거웠던 80년대 이야기다. 시위를 주도하는 대학생들을 쫓는 경찰의 폭력이 난무하던 때였다. 그때 대학생 자녀를 둔 선배 교수님이 우연히 서울역 근처를 지나다가 시위 대열에 참가한 딸을 발견했다. 아버지의 가슴은 철렁했다. 딸의 마음은 이해하지만, 그러다가 크게 다치기라도 하면 어쩌나 싶었다. 잠깐 고민하던 선배 교수님은 근처 시장에서 운동화를 사서 딸에게 전달했다. 구두를 신고 도망치다가 다치지 말라는 뜻이었다. 선배 교수님은 이 일로 정보기관의 조사를 받았다. 시위를 말려야 할 교수가 시위를 독려했다는 것이다. 웃지 못할 일이지만, 그만큼 경직되었던 시대였다.

어쨌거나 내 아이의 안위를 최우선으로 고려하는 것이 모든 부모의 마음이다. 그런데 무엇이 아이를 위한 진정한 안위일까를 떠올리면 고민이 깊어진다. 아이를 시위 현장에서 데리고 나오는 것이 아이를 위한 길인가? 이제는 다 컸으니 아이의 뜻을 존중해 줘야 하나? 그렇다면 부모인 나는 지금 무엇을 할 수 있나? 부모는 자식 문제 앞에서 언제나 비슷한 갈등을 겪게 마련이다. 그리고 이런 고민 끝에 선배 교수님은 딸에게 운동화를 신겨 주는 쪽을 택했다.

어느 때고 부모 노릇은 쉽지 않다. 자식 문제에는 정해진 해법이 없다. 부모의 성격이 다르고, 아이마다 기질이 다르고, 주어진 상황이 전부 다르기 때문이다. 그야말로 '케이스 바이 케이스'여서 유능한 자녀 교육 전문가라도 대체적인 흐름을 알려 줄 뿐, 모든 사례에 정답을 제시할 수는 없다. 자녀에게 당면한 구체적인 문제는 부모가 지혜를 발휘해 해결해 나가야 한다.

그런데 부모나 자식이나, 전에 그 노릇을 해 본 적이 없다. 모두 초보라는 뜻이다. 그러니 아무리 잘해 보려고 해도 실수투성이다. 사랑하는 마음이 커도 기술을 연마할 기회가 부족하니 부모 자식 관계는 어느 정도 엇나갈 수밖에 없다. 갈등은 불가피하다는 말이다. 나도 아이들을 다 키워 보니 부모 노릇이 어떤 것인지가 조금 보인다. 그러나 나는 이미 할아버지가 되었고, 내 자녀들은 나처럼 미숙한 부모 노릇을 반복하고 있다. 어쩔 수 없는 일이다. 이런 쳇바퀴는 두고두고 반복될 운명인가 보다.

그럼에도 불구하고 부모 자식 관계는 너무도 중요하다. 인간이 태어나 처음으로 맺는 관계인 부모(주 양육자)와의 관계는 한 사람의 마음에 지속적이고 지대한 영향력을 행사한다. 내가 정신건강의학과 의사로 만난 환자들도 결정적으로 부모와의 갈등을 해소하지 못해서 일상생활의 여러 부분에서 고통을 겪었다. 그만큼 부모 자식 사이의 갈등은 깊고도 끈질기다. 그러므로 부모가 되었다면 부모 노릇을 공부할 필요가 있다. 부모가 되기 전에 하면 더 좋지만, 아이를 키우는 중이라도 늦지 않았다. 내가 부모 노릇이 힘겨운 사람들에게 해 주고 싶은 당부는 이렇다.

첫째, 자녀의 속성을 관찰하라. 환자들에게서 발견한 부모와의 갈등은 크게 두 가지로 구분된다. 하나는 부모가 자식을 억압하면서 키운 경우고, 다른 하나는 방임하면서 키운 경우다. 세상에 자식을 잘 키우고 싶지 않은 부모가 어디 있을까. 그러나 고집이 세고 자기주장이 강한 자녀에게 부모의 사랑은 때론 억압이 되기도 하고, 비교적 순응적인 자녀에게 부모가 주는 자유는 '부모가 나를 버렸구나'라는 느낌을 주기도 한다. 즉 같은 부모의 사랑이라도 받는 자녀에 따라 억압이 되기도 하고, 방임이 되기도 하는 것이다. 그런데 자녀는 부모라는 큰 우산 아래서 미래의 자아를 성장시켜 나가기 때문에 부모의 일방적인 양육 태도에 영향을 받을 수밖에 없다. 그러므로 부모가 나서서 자녀의 코드에 맞춰야 한다. 부모가 자녀의 속성을 파악해서 적절히 대처해야 한다. 자녀가 어릴수록 그 책임은 부모에게 있다.

물론 말처럼 쉽지 않다. 자녀의 속성을 속 시원히 파악하기가 힘들고, 아이를 향한 관심과 억압, 자유와 방임은 그야말로 한 끗 차이여서 매번 균형을 잡기가 쉽지 않다. 그래서 정신건강의학과 의사로 비교적 지식이 많은 나도 자식 문제 앞에선 우왕좌왕하기 일쑤였다. 나는 어머니의 과보호 속에서 자랐기 때문에 늘 자유를 꿈꿨다. 내가 아버지가 되면 아이들이 맘껏 실수하고 실패할 수 있는 넓은 울타리를 쳐 주리라 다짐했다. 그런데 이런 양육 기조가 아이들에겐 때로는 방임으로 느껴졌던 것 같다. 한번은 초등학생이던 큰아들이 교장 선생님으로부터 상을 받아 왔다. 비가 몹시 오던 날, 우산 하나를 들고 네 아이가 함께 등교하던 길이었다. 큰아들이 자신은 비를 맞으면서 동생 셋에게만 우산을 씌워 주었는데, 그 모습을 우연히 발견한 교장 선생님이 아들에게 표창하라는 지시를 내렸다는 것이다. 그 이야기를 전해 들은 나는 아들을 무척이나 기특해했다. 그러나 아들의 속사정은 달랐다. 엄마 아빠가 일찍 출근해서 늦게 들어오니, 동생들을 돌볼 사람은 자기뿐이어서 어쩔 수 없었다는 것이다. 그래 봐야 초등학생이라 부모에게 기대고 싶을 나이인데, 정서적으로 '소년 가장'이 되었으니 얼마나 힘들었을까. 그런 마음을 먼저 헤아리기는커녕 상을 받아 왔다고 기뻐하다니. 그만큼 철없던 아버지가 바로 나였다.

그러나 아이를 잘 기르겠다는 마음에서 저지른 실수까지 어찌할 수는 없다. 앞서 말했듯이 모든 부모는 초보이고, 의도치 않게 잘못을 저지른다. 이를 피할 길은 없다. 다만 다행스러운 점은 부모의 양육 태도가 아이의 인격을 형성하는 유일한 요인은 아니라는 점이다. 자녀들도 스스로 살아남으려는 힘을 지니고 있다. 잘 키운 부모들에겐 서운하게 들릴지 몰라도, 자녀들이 그 힘을 바탕으로 스스로 잘 커 나간 부분도 상당하다. 그러므로 아이를 잘 키우기 위해 노력했다면 나머지는 아이의 자생력을 믿으라. 그것이 내가 두 번째로 하는 당부이다. 자녀의 성장이 부모의 노력 여하에만 달렸다는 생각은 오만하다. 아이는 부모 말고도 세상과 만나며 자기만의 길을 개척해 나갈 것이다. 그것이 그 아이의 고유한 힘이자 독특함이다. 그것까지 부모가 좌우할 수는 없다. 그러니 어느 정도 부모 노릇을 열심히 했다면 나머지는 아이의 몫으로 돌리라. 그래도 아이는 충분히 잘 살아간다.

마지막 세 번째는 아이에게서 차근차근 독립하는 연습을 하라는 당부이다. 요즘 부모들에게서 가장 많이 듣는 고충이 바로 아이가 독립할 생각을 안 한다는 것이다. 나이가 서른이 넘어도 독립 의사가 전혀 없고, 부모의 따뜻한 보살핌 아래서 계속 살고 싶어 한단다. 나이 든 부모는 이제 책임감에서 벗어나 자유를 누리고 싶은데, 장성해서도 집을 나가지 않는 자녀의 뒤치다꺼리를 하느라 아까운 세월이 흘러간다며 한탄한다. 부모의 힘든 마음은 이해가 간다. 그러나 한편으론 부모가 비빌 언덕이 되어 주기 때문에 자녀가 버티는 게 아니겠는가. 즉 자녀가 집을 나가지 않는 이유를 잘 들여다보면, 자녀를 끝내 놓아주기 싫은 부모의 속마음도 한몫한다.

그러나 나이가 들어서까지 부모와 자녀가 끈끈하게 얽히는 것은 모두에게 별로 좋지 않다. 나이가 들면 부모는 부모대로, 자식은 자식대로 잘 살아 주는 것이 제일 좋다. 그러려면 차근차근 서로에게서 독립하는 연습을 해야 한다. 나는 독립을 세 단계로 나누어 실행할 것을 권한다. 우선 자녀가 사춘기가 되면 30퍼센트가량 놓아주라. 사춘기는 자녀가 최초로 자기주장을 하는 시기로, 이때 '자기'라는 개념을 온전히 쟁취하지 못하면 두고두고 늦둥이가 된다. 그리고 성인이 되면 또 30퍼센트가량 놓아준다. 여러 시행착오를 겪겠지만 그 과정을 거쳐야 제 삶을 온전히 책임지는 성인으로 거듭난다. 마지막으로 한 가정을 이루면 30퍼센트를 놓아준다. 이렇게 부모가 자녀를 차근차근 놓아야 자녀가 비로소 홀로 선다. 홀로 설 능력을 갖추고 나서야 독립시킨다는 생각은 이치에 안 맞다. 광야에 떨어진 다음에야 인간은 비로소 길을 개척하는 법이다.

그러고 나서 남아 있는 10퍼센트의 끈으로 장성한 자녀와 관계를 맺으면 탈이 날 일이 없다. 나이가 들어서 부모와 자식이 서로에 대해 시시콜콜 알려고 하면 힘들다. 자식에 대한 괜한 책임감으로 노년이 더욱 피곤해지기도 한다. 그저 10퍼센트로 만족하면서 그 끈이 끊어지지 않고 이어지도록 서로에 대한 궁금증을 놓지 않는 것. 장성한 자녀와의 관계는 그것으로 충분하다.

지금까지 살아 준 배우자에게
무조건 감사할 것

'나는 당신 때문에 기형이 되었소. 당신의 편지를 기다리면서 목이 길어졌고, 당신에게 편지를 쓰다가 오른팔이 길어졌소.'

몇 년 전, 아내가 가족들 앞에서 읽어 보라며 꺼내 온 오래된 엽서 속 글귀다. 아이들은 깔깔 웃어 댔다. 닭살이라도 돋을 듯한 살가운 표현을 쓴 장본인이 바로 나였기 때문이다. 우리 부부는 결혼 생활 동안 알콩달콩한 애정 표현을 해 본 일이 거의 없다. 그러니 아이들은 내게 로맨틱한 부분이 있다고는 상상도 못 했을 것이다.

그러나 엽서를 쓸 당시 내 마음은 정말 그랬다. 나는 중학교 3학년 때 아내를 처음 만났다. 아내는 여동생의 친구였고, 우리 집에 자주 드나들었다. 그렇게 학창 시절 내내 우리는 오누이처럼 지냈다. 그러던 관계가 아내가 서울에 있는 대학교에 입학하고부터 바뀌었다. 어느 날 아내가 선을 보러 간다는 소식을 듣게 되었다. 가슴이 쿵쿵 뛰고 괜히 불안해졌다. 불현듯 아내를 놓치면 안 되겠다는 생각이 들었다. 그 길로 우체국에 가서 엽서 100장을 샀다. 나는 매일매일 아내에게 구애 편지를 썼다. 그중 하나가 이 엽서다. 그때 보낸 엽서를 결혼 후 지금까지 읽어 본 적은 없으나 아마도 별의별 소리를 다 적었을 것이다. 그런 노력이 가상했는지 아내는 나와 결혼해 주었다.

　달콤한 말로 시작한 결혼이었건만 생활은 녹록지 않았다. 우선 내가 너무 가난했다. 고등학교 때 아버지가 돌아가시고 가세가 기운 뒤 나는 늘 빚을 지고 살아야만 했다. 더군다나 대학교 때 4·19 혁명에 가담했다는 이유로 감옥 생활을 해야 했고, 출소 후에는 전과자 딱지가 붙어 취직이 쉽지 않았다. 형편이 어려우니 단칸방에서 신혼살림을 시작했고, 신혼여행은 텐트 하나 짊어지고 산으로 떠났다. 아내는 지금도 틈만 나면 도대체 무슨 배짱으로 결혼을 했느냐고 묻는다. 무슨 배짱이었는지 나도 모르겠다. 만약 내가 안정적인 직장을 잡을 때까지 아내가 아이 넷을 키우고 시어머니를 모시고 공부를 하느라 겪을 고생을 미리 알았더라면 아내더러 결혼하자고는 쉽게 말하지 못했을 것 같다.

시간이 지나면서 차차 경제적으로 안정되었지만, 그래도 아내는 마음 편히 살기가 어려웠다. 돌이켜보면 나는 늘 돈에 무지했다. 어려서부터 어머니는 외동아들인 내게 돈 이야기는 일절 꺼내지 않으셨다. 그래서일까. 나는 일상생활과 관련된 돈 문제에 대해서는 어린아이 수준이다. 집 한 채 값이 얼마인지, 우리 가족에게 알맞은 집은 어디에서 구할 수 있는지, 생활비는 얼마가 필요한지, 은행 이율은 어디가 높은지…. 아내는 경제관념이 부족한 남편을 대신해서 가정의 온갖 크고 작은 돈 문제를 홀로 해결해 왔다. 아이들이 자랄 때 "엄마한테 돈이 들어가면 다시는 안 나온다"며 자주 투정을 부렸는데, 그런 알뜰함은 100퍼센트 가난하고 속 편한 남편을 만난 덕(?)이다.

그런데도 나는 아내의 눈치를 보기는커녕 늘 일을 벌였다. 네팔 의료봉사와 광명보육원 봉사를 하는 동안 병원 물품과 건물을 기증했다. 정신건강의학과 의사로 일하는 동안 개방병동, 사이코드라마, 미술치료 등 새로운 기법을 시도했고 그때마다 돈이 들어갔다. 의미 있는 활동을 하는 사람들은 약속이나 한 듯 언제나 재원이 부족하다. 그런 이들이 도움을 요청할 때면 나는 시간이든, 지식이든, 공간이든, 돈이든 내가 가진 자원을 최대한 제공하려 했다. 그 덕분에 가장 고생한 이가 바로 아내다. 내가 뒷일은 신경 쓰지 않는 '이상주의자'라면, 아내는 이상과 현실을 조율해야 하는 '현실주의자'에 가까웠다. 만약 아내가 없었다면 나는 진작에 파산하고도 남았을 것이다. 사람들은 나를 보고 인격자라며 치켜세우지만, 속사정을 아는 이들은 진정한 인격자는 아내라고 한결같이 입을 모은다.

가끔 생각해 본다. 이렇게 부족한 남자를 아내는 왜 60년 넘게 데리고 살아 준 걸까. 학자로서 지향점이 비슷했기 때문일 것이다. 사회학자인 아내와 정신건강의학과 교수인 나는 개인과 사회의 건강한 관계 맺음이라는 부분에서 관심을 공유했다. 개인과 사회는 닭과 달걀처럼 떼려야 뗄 수 없다. 건강한 개인이 건강한 사회를 만들고, 사회가 건강해야 개인도 행복하다. 이런 진리를 너무도 잘 알고 있는 아내는 내가 저지르는 일들을 말리지 않았다. 더 나아가 아내는 나와 함께 대부분의 일을 계획하고 실행했다. 아내가 없었더라면 내가 봉사, 연구, 교육 등 그 많은 일을 홀로 해낼 수 있었을까. 아니, 불가능했을 것이다. '우리 가족'이라는 테두리에 갇혀 이기적인 욕심을 채우기보다 더 나은 세상을 만드는 데 힘을 보태자는 아내와 나의 공동 목표가 우리 부부를 단단하게 이어 줬다.

나는 아내를 존경한다. 우선 학자로서의 아내 이동원을 존경한다. 사회학자인 아내는 거시적인 시각에서 사태를 분석하기 때문에 인간 정신을 미시적으로 연구하는 나에게 언제나 새로운 통찰을 제공해 주었다. 또 여성의 역할을 자각하고 이끌어 온 아내 덕에 나는 비교적 남녀가 평등한 삶을 실천하며 살았다. 아주 이른 시기부터 우리 집 대문에 '이근후 이동원' 두 이름을 나란히 적은 문패를 단 것도, 이화여대에서 최초로 여성학 강의를 개설한 것도, 1999년에 가족가치 관상을 받은 것도 실은 아내의 역할이 컸다.

또 나는 네 아이의 엄마이자 내 아내인 이동원을 존경한다. 아내는 경제적으로 어려운 형편에 공부와 육아를 병행해야 했다. 그 힘든 시절을 버티면서 아내는 우선순위를 매기는 법, 균형을 잡는 법, 나아갈 때와 멈춰야 할 때를 구분하는 법, 버티는 법을 배웠다고 한다. 궂은 삶에서도 빛나는 지혜를 길어 올린 아내가 그저 안쓰럽고 존경스러울 뿐이다.

나는 주례를 설 때 으레 다음 세 가지를 강조한다. 첫째, 신명 나게 살 것. 둘째, 창의적으로 살 것. 셋째, 잠재력을 서로 키우도록 도울 것. 다행히도 우리 부부는 세 가지 요건을 만족시키면서 살아왔다. 너무 가난했기 때문에 가난을 이기는 창의적인 방법을 개발하며 살았고, 아이를 키우고 공부하고 일하면서 달려온 과정이 신명 났으며, 서로의 학문적인 잠재력을 키워 주었으니 이보다 나은 결혼 생활이 가능했을까.

이제 아내도 나만큼 늙었다. 눈도 침침하고 귀도 어두워지고 말수도 줄었다. 가끔 아내와 내가 제대로 의사소통을 하고 있는지 의심스럽기도 하지만, 괜찮다. 강의하러 가거나 지인을 만나러 갈 때 아내와 동행하면 놀라운 경험을 한다. 같은 장면을 보고 아내와 내가 비슷한 연상을 하는 것이다. 나는 소리 내어 말하지 않고 속으로만 생각했는데, 아내도 비슷한 생각을 떠올려 말한다. 그럴 때면 우리가 살아온 세월을 체감한다. 이심전심. 아내가 아니고서 누구와 이런 경지에 오르겠는가.

인생의 동반자이자 학문적 동지인 아내가 있어 다행이다. 아내가 있기에 지금의 내가 있고, 내가 있기에 지금의 아내가 있다. 어쩌면 60년이 지나서야 나는 연애편지를 쓰던 그때 청년의 심정으로 돌아간 듯하다. 아내가 간직한 오래된 엽서들을 들춰 보고 싶다. 내가 마지막까지 가장 잘하고 싶은 사람, 바로 아내이기 때문에.

언제까지나
도전적으로 살겠다고 결심할 것

5년 전, 3년여간 단골로 드나들던 카페가 문을 닫았다. 주인이 종업원 없이 혼자 꾸려 가던 아담하고 아름다운 공간이었다. 직접 뜨개질한 소품과 직접 빚은 커피잔이 예쁘게 진열되어 있어, 주인의 취향과 사람 냄새가 느껴졌다. 그저 앉아만 있어도 마음이 편안해지는 몇 안 되는 곳이었다. 나는 약속이 있으면 대부분 이곳에서 사람을 만났고, 가족아카데미아에서 프로그램이 끝나면 회원들과 떼로 몰려가 차를 한잔씩 마시고 헤어졌다.

주인은 오랫동안 외국에 살다가 한국에 들어와 이 찻집을 운영했는데, 다시 외국으로 돌아가게 되어 장사를 접을 수밖에 없다며 무척 미안해했다. 하지만 나도 찔리는 구석이 있었다. 3년 넘게 이곳을 드나들면서도 카페의 이름을 몰랐다. 대충 '언덕 입구 하얀 집'이라고만 설명해도 다들 잘 찾아왔기에 특별히 궁금해하지 않았다. 그런데 문을 닫게 되었으니, 나는 미안한 마음을 무릅쓰고 주인에게 물었다.

"사장님, 카페 옥호(屋號)가 뭐예요?"

"'Casa de Gina'예요. casa는 스페인어로 집이란 뜻이고, Gina는 제 이름이에요."

그렇구나. 좀 더 일찍 알았으면 주인과 나눌 이야깃거리가 더 풍성했을 텐데. 나는 괜히 아쉬워졌다. 잠시 침묵이 흐른 뒤 주인도 내게 전부터 궁금했다는 듯 질문을 하나 던졌다.

"선생님은 왜 늘 카푸치노만 드세요?"

고백하자면 나는 커피엔 문외한이다. 의사가 된 후부터 정년 퇴임할 때까지 30년 가까이 오직 인스턴트 커피만 마셨다. 그러다가 언젠가부터 우리나라에도 커피의 종류가 많아지고 메뉴판에 등장하는 커피만 20종이 넘어가자 내 정신은 혼미해졌다. 커피에 대한 지식이 전혀 없던 나는 그냥 계핏가루를 뿌려 준다는 이유로 카푸치노를 선택하게 됐고, 지금도 오직 카푸치노만 마신다.

"초등학교 때 한약방 집 아들과 짝이 됐는데, 그 친구가 매일 남는 계피를 한 줌씩 들고 와 친구들에게 나눠 줬어요. 일제 강점기라 모든 게 궁금했던 때였어요. 그러니 친구가 가져오는 계피 껍질이 얼마나 맛있었겠어요. 유일한 군것질거리였죠. 그 맛은 평생 못 잊을 거예요."

폐점할 때가 되어서야 알게 된 단골 가게의 이름. 고집스레 마시는 커피에 대해 계핏가루가 들어간다는 것 말고 아는 게 없다는 사실. 왠지 모든 게 부조리하게 느껴졌다. 나는 집으로 돌아와 카푸치노의 유래를 검색해 보았다. '카푸치노'라는 이름은 프란치스코 수도회인 카푸친 작은 형제회에서 비롯되었다. 이 형제회의 수도복에는 두건(이탈리아어로 cappuccio)이 달려 있었는데, 짙은 갈색 위에 우유 거품이 얹힌 모양새가 그 두건과 비슷하다고 해서 '카푸치노'라는 이름을 붙였다고 한다.

진작 알고 마셨다면 커피 맛이 더 아련했을 텐데. Casa de Gina가 문을 닫을 때가 되어서야 궁금증을 풀다니. 이제 카페의 이름도 알고, 뜻도 알고, 고집스레 마셨던 카푸치노의 유래도 알았는데, 정작 카페는 문을 닫아 버렸다. 젊은 날엔 님이 사랑인 줄 모르고, 사랑인 줄 알았을 땐 이미 떠나가 버린 후라더니. 이렇듯 모든 일은 서로 조금씩 어긋나게 마련인가 보다.

돌이켜보면 인생사가 대부분 그랬다. 당시에 필요했던 지혜는 늘 나중이 되어서야 얻어졌다. 아버지 노릇이 무엇인지 조금 알 것 같다고 느꼈을 때, 이미 아이들은 다 커 있었다. 아내의 고마움을 깨달았을 때, 아내의 머리는 하얗게 세기 시작했다. 어머님이 돌아가신 나이가 되어 보니, 어머니가 느끼셨을 몸과 마음의 고단함을 알겠다. 지금 알고 있는 걸 그때 알았더라면 얼마나 좋았을까. 미안함과 아쉬움의 무게가 조금은 가벼워졌을 텐데.

가끔은 그런 생각을 해 본다. 영화에서처럼 50년 전 과거로 돌아갈 수 있다면 더 나은 인생을 살 수 있을까? 곰곰 상상해 본 끝에 나는 결국 고개를 절레절레 젓는다. 더 많이 안다고 해서 더 나은 인생을 사는 건 아니다. 오히려 몰랐기 때문에 무모해질 수 있었고, 내가 선 자리가 어딘지 몰랐기에 끝까지 가 볼 수 있었다. 상처받을 줄 몰랐기에 돌진했고, 실패할 줄 몰랐기 때문에 도전했다. 만약 살아갈 날들을 미리 알고 있었대도 그렇게 할 수 있었을까? 웬만한 일은 시도조차 하지 않은 채 무기력에 빠져 우울한 날들을 보내지는 않았을까.

인간이 가진 최대의 무기가 무엇일까? 나는 희망이라고 생각한다. 내일은 오늘보다 더 나을 거라는 희망. 그것이 인간을 살게 한다. 그리고 희망이라는 감정은 '모른다'는 데서 출발한다. 오늘은 알지만 내일은 어떻게 될지 모른다. 그리고 의지를 세우고 노력하면 미지의 내일을 좋은 방향으로 이끌 수 있다. 이런 희망의 감정이 인간을 분노와 좌절에 굴복하지 않도록 도와준다. 그러므로 모른다는 것은 결코 나쁜 게 아니다. 미래를 몰랐기 때문에 노력했고, 그 결과 지금에 이를 수 있었으므로.

나이가 들면 인생을 다 아는 듯 체념하고 우울해지는 사람이 많다. 미래는 반복되는 일상으로 채워질 뿐, 새로울 일 하나 없다고 푸념하기도 한다. 그러나 나이가 몇 살이든 오늘치 인생 앞에서 우리는 모두 초보다. 나는 올해 90세이지만 나도 90세는 처음 살아 본다. 내일이라는 미지의 대륙을 모르고 있다는 점에서 젊은이들과 다를 바 없다. 그러니 목숨이 붙어 있는 한 도전적으로 살겠다고 각오하라. 그것이 미래를 모르는 인간이 선택할 수 있는 유일한 삶의 방식이다.

그러다 어느 날 '그때 알았더라면 더 좋았을 텐데' 하는 감정이 떠오른다면, 그것은 열심히 살아온 결과로 찾아오는 아쉬움이라고 생각해야 한다. 그때 정말 알았더라도 더 잘했을 거라는 보장은 없다.

마흔부터는 취미에
돈과 시간을 아끼지 말 것

"선생님, 사는 게 원래 이런 건가요? 맨날 똑같고, 재밌는 일이 하나도 없어요. 지루해요."

아이를 둘 키우는 마흔셋 워킹맘의 하소연이다. 일하랴 육아 하랴, 매일 일상이 전쟁같이 흘러가지만, 그 와중에도 불현듯 공허함이 밀려온다. 내일이 별로 기대되지 않는다. 결혼도 했고 아이도 낳았고 직업을 바꿀 일도 없다. 인생에 변수가 사라졌다. 그저 이 생활이 무한히 반복될 것만 같은 느낌이다. 평온하지만 지루하다. 그녀는 이게 정상이냐고 물었다.

"걱정 마요. 진짜 재밌는 때는 아직 오지도 않았어요. 나도 65살 넘어서부터 사는 게 제일 재밌었어요. 기대해요."

그녀를 위로하려고 꾸며 낸 거짓말이 아니다. 정말로 나는 정년 후에야 가장 보람되고 행복한 시절을 보냈다. 나만 그런 게 아니다. 105세 철학자 김형석 선생도 65세부터 80세까지가 인생의 황금기였다고 말했다. 그 나이가 되어서야 비로소 행복이 무엇인지, 어떻게 살아야 하는지를 알게 되었기 때문이다.

나도 서른 살에서 예순 살까지는 아이들을 키우고 부모를 봉양하고 환자를 돌보고 학생을 가르치느라 정신없이 하루를 보냈다. 도대체 그 시절이 어떻게 흘러갔는지 모르겠다. 먹고 살려면 좋아하는 일보다 해야 하는 일을 우선해야만 했다. 삶의 무게가 막중했다. 하지만 정년 이후는 달랐다. 자녀들은 다 컸고, 눈치를 봐야 하는 직장도 없다. 하고 싶은 일에만 몰두해도 누가 뭐라 하지 않는 시기에 이르렀다. 자유의 시절이 도래한 것이다.

정년 퇴임 후에 나는 고려사이버대학교 문화학과에 입학했다. 문화학은 오랫동안 해 보고 싶던 공부였다. 정신건강의학과에서 환자들을 진료하며 깨달은 점이 하나 있는데, 정신 관련 질환은 그 환자 개인만 들여다봐서는 해결하기가 어렵다는 것이다. 그 개인을 만든 문화까지 살펴봐야 그를 온전히 이해할 수 있다. 그래서 의사로 일하는 내내 문화학 공부는 숙제처럼 가슴에 남아 있었다. 그러다 퇴임을 맞아 본격적으로 공부해 보자고 마음을 먹었다.

그런데 일흔 넘어 시작한 공부가 이렇게 재밌을 줄은 몰랐다. 파편적으로 알고 있던 지식이 문화학을 통해 일목요연하게 정리됐다. 정신 의학에만 몰두했을 때 보지 못했던 퍼즐 조각들이 눈앞에 떠올랐고, 이제야 지식의 퍼즐을 얼추 완성한 느낌이었다. 그러다 보니 신이 나서 더 열심히 공부했다. 결국 나는 76세 나이에 최고령이자 문화학과 수석 졸업자가 되었다.

나의 두 번째 학사 졸업 소식을 들은 사람들이 물었다. 늦은 나이에도 어떻게 공부를 잘할 수 있었느냐고. 나는 재미있어서 열심히 했다고 대답했다. 그러면 사람들은 '저 사람은 공부가 천성인가보다' 하고 물러난다. 자기와는 상관없는 이야기라는 듯. 그런데 여기에는 더 큰 함의가 있다. 나는 공부를 재밌게 즐길 준비를 오래전부터 해 왔다. 문화학에 대한 갈증을 느꼈고, 때가 되면 도전하리라 마음먹어 왔다. 그랬기 때문에 정년 후에 누구보다 신나게 공부할 수 있었던 것이다.

돌이켜보면 나는 현직에 있을 때부터 퇴임을 준비해 왔다. 사회학을 공부한 아내와 함께 가족의 새로운 패러다임을 제시해 보자는 목표로 세운 '가족 아카데미아' 연구소도 현역 시절부터 구상했다. 또 은퇴 후에도 활발히 지속한 네팔 의료 봉사와 보육원 봉사 역시 오래전부터 야금야금 해 온 일들이다. 65세라는 자유의 시기가 찾아왔을 때, 내가 하루하루 재미있게 보낼 수 있었던 것은 하고 싶고 할 수 있는 일들을 그 전부터 조금씩이라도 쌓아 놓았기 때문이다.

사람들은 재미가 거저 주어지는 거라고 여긴다. 웃긴 예능을 보면 웃음이 나고, 맛난 음식을 먹으면 기분이 좋아지듯이, 좋은 걸 누리면 자연히 재밌을 거라고 기대한다. 하지만 자극에 의한 재미는 잠시뿐이다. 깊은 만족감과 의미를 동반하는 재미는 준비를 통해서만 얻을 수 있다. 대회에 나가 선수로 뛰기까지 기초 체력 훈련이 필요하고, 악기를 연주하는 즐거움을 얻으려면 기본기 연마가 필수이듯이, 하고 싶고 즐길 수 있는 취미 활동도 젊어서부터 경험해 보고 단련해야만들 수 있다.

누구나 취미 생활을 하고 싶어 한다. 그렇지만 시간과 여력이 없다고 말한다. 특히 일과 가정에 얽매인 4, 50대에게 취미 활동은 꿈같은 이야기일 뿐이다. 그래도 나는 어떻게든 시작해 보라고 독려한다. 여력이 생기길 기다리다간 노후가 되고 말 것이다. 그 전에 틈나는 대로 조금씩 해 봐야 한다.

나는 등산을 좋아한다. 어려서부터 슬플 때면 높은 나무 위나 지붕에 올라 혼자 울다가 내려오곤 했다. 그런 버릇이

어른까지 이어져 산에 올라 심란한 마음을 위로받았다. 병원 일과 강의로 바쁜 와중에도 틈틈이 산에 올랐고, 1년에 한 번은 네팔 히말라야에 드나들었다. 은근히 눈치를 주는 동료들이 없지 않았다. 나는 때론 모른 척하고 때론 양해를 구하며 산을 다녔다. 그래야 숨통이 트였기 때문이다. 만약 등산이 없었다면 나는 정년까지 일하지 못했을지도 모른다.

취미 활동에 대한 오해 중 하나는 취미와 일을 양립 관계로 놓는 것이다. 취미에 심취하면 일을 못한다고 걱정한다. 하지만 내 경험상 일과 취미는 서로 돕는 관계다. 취미 활동은 에너지를 충전해 주고, 그 에너지는 다시 일하는 동력이 되어 준다. 주변을 살펴봐도 취미 활동에 열심인 사람들이 일도 잘하는 경우를 심심치 않게 목격한다. 그들은 회사에 앉아서 뭉갤 시간이 없다. 얼른 일을 끝내고 좋아하는 활동을 찾아 나서야 하기 때문이다.

또 틈틈이 이어 온 취미 활동은 정년 후 훌륭한 대안이 되어 준다. 히말라야는 네팔과 나를 이어 주었다. 나는 네팔에서 의료 봉사를 펼쳤고, 다양한 사람들과 인연을 맺었다. 그 활동이 정년 후까지 이어져 나는 여전히 네팔을 드나들고 있다.

그러니 취미 활동을 자꾸 미루지 말기를. 마흔 이후부터는 노는 데 돈과 시간을 아끼지 말기를 바란다. 자식에게 들이는 돈의 10퍼센트만 떼어서 자기 자신에게 투자하라. 그때 뿌려 놓은 씨앗이 예순까지 일하게 하는 힘이 되어 주며, 예순 넘어서의 인생을 황금기로 만들어 주기 때문이다.

의사로 일하던 시절, 퇴임한 교장을 상담한 일이 있다. 그는 평교사로 시작해 35년간 성실히 교직 생활을 했다. 출퇴근 외에 하는 일이라곤 가끔 학교 선생님들과 하는 회식이 전부였다. 그러다가 퇴직하고 나니 도대체 무엇을 하며 시간을 보내야 할지 모르겠다며 나를 찾았다. 난감하기는 나도 마찬가지였다. 해 본 일도, 하고 싶은 일도 딱히 없다는 그에게 집 근처 테니스장에서 운동부터 시작해 보는 게 좋겠다고 말했다.

3개월 후 그가 노발대발하며 다시 나를 찾았다. 내 말만 들으면 고독함이 사라질 것 같은 생각에, 아침부터 저녁까지 테니스를 치다가 다쳐서 응급실 신세를 졌으니 책임지라는 거였다. 한참 화풀이를 하고 돌아선 그는 다시 진료실을 찾지 않았다.

나는 그를 보면서 한 가지를 깨달았다. 시간과 돈이 있다고 해서 노후가 즐겁기만 한 것은 아니라는 것. 어렵게 찾아온 자유의 시기를 만끽하기 위해선 하고 싶은 일과 계획이 있어야 한다는 것. 그리고 그것은 닥쳐서 찾으려면 찾기 어렵고, 미리미리 경험하면서 찾아야 한다는 것이다.

지금 당신이 그 자리에 서 있다. 정말 중요한 노후 과제 중 하나가 자기만의 재미를 찾는 일이다. 그리고 그 재미는 누가 떠먹여 주지 않는다. 지금부터 조금씩 틈틈이 준비해 두는 수밖에는 없다. 경험이 쌓일수록 자기를 잘 알게 되고, 자기를 더 잘 알수록 더 재밌게 살 수 있다.

어떤 때에라도
사람에 대한 예의를 갖출 것

전 세계 70억 인구는 몇 사람을 거치면 서로 연결될까? 누구나 한 번쯤 궁금해할 법한 이 질문을 본격적으로 실험해 본 사람이 있다. 미국의 심리학자 스탠리 밀그램이다. 그는 1967년에 '좁은 세상 실험'을 통해 서로 다른 지역에 있는 서로 모르는 사람들끼리 몇 단계를 거치면 연결되는지를 알아봤다. 그 결과가 평균 6단계였다. 조금 과장해서 말하면 여섯 사람만 거치면 전 세계인이 내 친구가 된다는 뜻이다.

인터넷이 발달한 현대 사회에서도 대개 6단계를 거치면 모르는 사람끼리 연결된다고 한다. 2008년 마이크로소프트 사에서 메신저 대화창을 분석해 통계를 냈더니, 사람들 간에 평균 6.6개의 연결 고리가 있음을 발견했다. 심지어 2016년 페이스북의 연구에서는 연결 고리의 수가 더 감소해 3단계만 거치면 모르는 사람끼리 연결된다고 한다. 어쨌든 우리는 생각보다 훨씬 '좁은 세상'에 사는 게 분명하다.

개인적으로도 세상의 좁음을 경험한 일이 있다. 자가용이 없는 나는 택시를 자주 타는데, 유독 택시에서 신기한 인연을 자주 만났다. 한번은 나만큼 나이를 먹은 택시기사가 나를 보더니 대구 사람이냐고 물었다. 아마 내 말투에 섞인 대구 억양이 반가웠나 보다. 대구에서 나고 자랐다고 대답하니 그가 말했다.

"혹시 ○○라는 사람 아세요?"

알다마다. 그는 학창 시절에 유명했던 동네 깡패였다. 워낙 날쌔고 집요해서 다른 동네에서 한가락 하던 건달들도 그를 이기지 못했다.

"알고말고요. 대구에서 그 사람 모르면 간첩이오. 나도 그 친구한테 골목에서 붙잡혀 맞은 적이 한 번 있어요."

중학생 시절에도 키가 훤칠했던 나는 동네 주먹들의 손쉬운 스파링 대상이었다. 이유 없이 맞는 게 억울해서 가라테를 배웠을 정도였다.

"아이고, 죄송합니다. ○○가 바로 나요, 나. 철없을 때 주먹다짐이었습니다. 지금은 개과천선해서 이렇게 열심히 살고 있습니다."

　이런 우연이 있나 싶었다. 살면서 다시는 만날 일이 없을 것만 같았는데, 희한한 인연으로 나를 때린 깡패의 차를 타게 되었으니 픽 웃음이 났다. 내릴 때가 되어 요금을 지불하려니까 그가 미안하다며 돈을 안 받았다. 우연이라도 다시 만나 지난날 잘못에 용서를 빌었으니 마음이 편하다며 차를 몰고 사라졌다. 그때의 기질이 남아서인지 날쌘 몸짓은 여전하구나 싶었다.

　택시에서 만난 흔치 않은 인연이 또 있다. 광화문에서 동대문으로 가기 위해 택시를 잡았는데, 젊은 택시 운전기사가 대뜸 "선생님, 동대문 이대병원 가시죠?" 하는 게 아닌가. '내 행선지를 도대체 어떻게 알았지?' 멀뚱히 눈만 껌뻑이는 내게 그가 웃으며 말했다. 내가 군의관으로 복무하던 시절에 나에게 치료를 받고 제대했단다. 우리는 택시 안에서 군대 추억담으로 이야기꽃을 피웠다. 어느새 동대문에 도착해 요금을 지불하려니까 그 역시 감사의 뜻으로 돈을 안 받겠다고 했다. 하지만 나는 넉넉한 돈을 쥐여 주고는 얼른 달아났다. 만약 군의관 시절에 스쳐 지나가는 환자라고 해서 그를 함부로 대했다면 어땠을까. 혹시라도 몹쓸 짓을 했다면 그가 나를 온전하게 태워다 주었을까. 그런 생각이 들자 등골이 서늘했다. 다시 만나도 웃으면서 과거를 추억 삼아 노닥거릴 수 있으니 얼마나 다행인가. 스치는 인연이라고 해서 함부로 대해서는 안 된다는 이치를 다시금 깨닫는 계기였다.

'갑질'이 사회적인 이슈로 떠올랐다. 위치가 높다는 이유로 다른 사람을 마구 대하는 사람들이 있다. 정도가 지나친 사람들은 폭력을 행사하고 고성을 지르기도 한다. 그들은 도대체 왜 타인을 하대하는 걸까? 인간을 도구로 보기 때문이다. 도구는 말을 안 들으면 갖다 버리고 새것으로 갈아 끼우면 그뿐이다.

인간의 도구화는 사실 우리 사회에 만연해 있다. 갑질뿐만 아니라 스펙으로 청년들을 평가하는 것도, 대량 해고가 아무렇지도 않게 일어나는 것도, 성범죄가 도처에서 발생하는 것도, 콜센터 직원에게 막말을 퍼붓는 것도 인간성의 상실과 무관치 않다. 내 앞에 있는 그를 나와 같은 사람으로 보지 않기에 생기는 문제다.

지금까지 먹고사느라 급급해서 이런 문제를 못 본 체했다면 이제부터라도 인간성의 회복을 진지하게 고민할 차례다. 누가 더 잘살고, 누가 1등을 하느냐에 혈안이 될 게 아니라, 모두가 인간답게 살기 위한 사회적 분위기를 조성해야 한다. 최소한 사람에 대한 예의를 갖추면서 살자는 말이다.

나는 평소에 인연이란 단어를 자주 쓴다. 인연이란 다른 말로 하면 관계다. 밀그램이 '좁은 세상 실험'에서 밝혔듯 관계는 이리저리 칡넝쿨처럼 얽혀 있다. 얽힌 관계망을 타고 우리는 서로에게 영향력을 행사한다. 그러니 내가 한 행동이 언제고 내게 다시 돌아올지 모른다. 나를 때린 깡패의 택시를 40년이 지나서야 타게 될 줄 누가 알았겠는가. 그런 생각만 해도 주변인들을 함부로 대하지는 못한다.

'하찮은 돌이라도 인연이 있어야 발부리에 차인다'라는 속담이 있다. 하찮은 돌도 인연인데, 하물며 사람의 인연은 말해 무엇할까. 나를 스치고 지나가는 사람들에게 예의를 갖추어 성심껏 대하자. 특히 나이가 들면 무의식중에 어린 사람들을 무시하고 마구 대하는 경우가 많다. 그럴수록 생각보다 세상 참 좁음을 기억하라. 내가 지금 저지른 무례함은 절대로 사라지지 않는다.

단순하게,
더 단순하게 살아갈 것

　내 오랜 꿈 가운데 하나는 방을 스님들의 선방처럼 깨끗하게 치워 놓고 사는 것이다. 요즘 말로 하자면 '미니멀 라이프'다. 생활에 꼭 필요한, 최소한의 물건만 가지고 단순하게 생활을 꾸려 가고 싶다. 그리고 남는 에너지를 내가 좋아하고 재미있는 일을 하는 데 쓰고 싶다. 정신분석학자 에리히 프롬이 책에서 이야기하듯, 소유보다는 존재하는 삶을 살고 싶다.

　그러나 내 방은 언제나 잡동사니로 가득하다. 책은 탑처럼 쌓여 있고 바닥엔 종이들이 널려 있다. 나름대로 열심히 치워 봐도 생활 습관이 단번에 바뀌질 않는다. 아쉽다. 더 적게 소유하고, 더 단순하게 살고 싶은데…. 다른 수는 없다. 아깝고 번거로워도 더 자주 버리고 더 자주 청소할밖에. 내가 물건을 버리지 못한 채 떠나면 아이들은 더욱더 못 버릴 게 분명하다. 내 남은 삶을 위해서도, 자식들을 위해서도 불필요한 물건은 자주자주 버리는 게 좋다.

나이 들수록 단순하게 사는 게 좋다. 단지 생활 환경만을 이르는 게 아니다. 나이가 들면 감정도 사고도 복잡하고 산만해진다. 특별한 병이 아니더라도 사고 연상이 느려지고 생각의 회전이 둔해진다. 더욱이 기억의 결손과 맞물려서 사고는 중구난방으로 흩어지고, 결과적으로 사고의 내용까지 잡동사니가 되어 버린다. 노인이 묻는 말에 딴 대답을 하거나, 말의 요지가 흩어져서 딴 길로 새는 게 바로 사고력 저하 때문이다.

감정도 마찬가지다. 나이가 들면 사소한 일에도 노여움을 타는 경우가 잦다. 상식적으로 판단하고 단순하게 이해해도 될 일을 왜곡해 받아들임으로써 스스로를 힘들게 만든다. 노인이라고 무시하느냐며 공공장소에서 불같이 화를 내거나 어른 대접을 받겠다며 무례하게 행동하는 이들이 이런 경우다. 그들의 가슴 속에서는 특정 감정이 느껴지면 자동으로 증폭되고 행동화로 나타난다. 분노 조절이 잘 안 되는 것이다.

그런데 나이가 들어 감정 조절이 안 되면 위험한 상황에 빠질 수 있다. 강렬한 감정은 신체적인 현상을 동반한다. 즉 감정이 격해지면 몸이 이상 신호를 보내기도 하는데, 나이가 들면 이상 신호를 넘어서 생명이 위급한 상황에 놓이기도 한다.

오래전에 절친한 친구의 문상을 다녀온 후 급사한 선배 교수님의 이야기다. 다른 문상객과 달리 선배님은 친구의 영정 앞에서 슬피 우셨다. 주변의 만류에도 불구하고 슬픈 감정을 주체하지 못하셨다. 그러다 집으로 돌아오신 후 갑자기 세상을 떠나셨다. 지병이 있었지만 위험한 수준은 아니었다. 지나친 슬픔이 죽음이라는 결과를 낳은 것이다. 슬픔뿐만 아니라 기쁨도 지나치면 위험하기는 마찬가지다. 2009년 네팔 의료 봉사 때 나는 기쁨이 넘쳐 주체를 못 했다. 첫 의료 봉사 때 참가했던 제자가 교수가 되어 그의 제자를 이끌고 네팔을 찾았기 때문이다. 20년 전에 뿌린 씨앗이 열매를 맺은 것 같아 무척 기쁘고, 주변에 자랑하고 싶은 심정이었다. 단지 기쁘다는 표현을 넘어 환희, 황홀에 가까운 감정이었다. 그런데 감정이 주체가 안 되자 혈압이 200을 넘어갔다. 가져간 약이란 약은 다 먹었다. 어떻게든 안정을 취하면서 관리하려고 했지만 네팔 오지에 머무는 일주일 동안 혈압 수치는 고공 행진을 했고, 카트만두에 돌아와서야 겨우 안정됐다.

나이 들면 희노애락 중 어느 것 하나 지나쳐서 좋을 것이 없다. 노인이 되면 감각 기관이 점차 무뎌지는데, 둔감함 덕분에 격한 감정으로부터 몸이 보호되는 측면도 있다. 그렇더라도 감정을 조절하는 습관을 들이는 게 좋다. 감정 조절은 일어난 감정을 억지로 누르거나 무시하는 태도가 아니다. 그런 태도는 오히려 감정의 폭발을 불러일으킨다. 화병이 대표적인 예다. 감정을 조절한다는 것의 진짜 의미는 쓸데없는 생각으로 감정을 증폭시키지 않고, 사건을 있는 그대로 단순하게 받아들이는 마음의 근육을 키운다는 뜻이다.

나이가 들면 자극에 따른 감정적 반응도 굳어지기 때문에 이를 단박에 수정하기는 불가능하다. 오랜 시간이 필요하다. 그나마 손쉽게 시도할 수 있는 방법은 감정을 있는 그대로 느끼고 표현하는 훈련이다. 즉 화를 느끼면 "나 화났어"라고 말하고, 서운함을 느끼면 "나 서운해"라고 말해 보라. 감정이 증폭되는 이유 중 하나는 있는 그대로 표현하지 못하기 때문이다. 속으로 끙끙 앓다가 나중에 공격적인 태도로 표출한다. 그들은 상대방이 당연히 내 감정 정도는 헤아려 줘야 한다고 여긴다. 그러나 알리지 않은 감정을 상대가 어떻게 알겠는가. 건강한 관계는 감정을 안전하게 나눌 수 있을 때 형성된다. 그러므로 자기감정을 알리고 표현하는 데 인색하지 말아야 한다. 그것이 감정 조절의 첫 번째 열쇠다.

그다음 감정에 맞는 적절한 단어를 찾아 보라. 화가 났을 때 단순히 화라는 감정만 일어나지 않는다. 푸대접을 받는 데 대한 슬픔, 연민도 존재한다. 자기감정을 표현하는 다양한 정서적 어휘를 찾으면 감정이 한쪽으로만 증폭되지 않을 뿐만 아니라, 그 과정을 행함으로써 감정이 일정 부분 해소되기도 한다.

한번은 어느 노부인이 부부관계 문제로 찾아온 적이 있다. 노부인은 가슴이 답답하고 울화가 치밀어 오르는 증상을 겪고 있었는데, 남편에 대한 원망이 쌓여 화병으로 드러난 경우였다. 노부인은 40년 넘게 이기적인 남편과 살면서 온갖 고생을 했다고 호소했다. 내가 보기에도 인내심이 남달랐다. 나는 부인에게 "나 힘들다", "이렇게는 못 살겠다"는 이야기를 남편에게 해 본 적이 있느냐고 물었다. 노부인은 한 번도 털어놓지 않았다고 했다. 사소한 불만도 꾹 삼킨 채 견뎌 온 세월이었다. 나는 노부인에게 남편을 한번 모시고 오라고 부탁했다. 하지만 그녀는 남편을 데려오지도 않았고, 내가 지시한 대로 남편과 대화를 시도하지도 않았다. 그렇게 상담 치료에 오는 횟수가 줄더니 어느 순간 발길을 끊었다. 참으로 안타까웠다. 억한 감정을 표현하지 못하고 끝내 품고 있다가는 어느 날 갑자기 어떤 일이 벌어질지 몰랐다. 다행히 나쁜 일은 피해 간다고 해도 차곡차곡 쌓인 원망을 고스란히 떠안은 채 눈을 감을 게 분명했다. 마지막 가는 길까지 홀가분해지지 못하고, 온갖 감정적인 짐을 짊어지고 갈 부인이 안쓰러웠다.

　나이 들면 맺힌 것을 풀고 싶다는 말을 많이들 한다. 그동안 쌓인 오해를 풀고 나쁜 감정은 털어내고 싶다는 뜻이다. 결국 모든 걸 내려놓고 가볍게 떠나고 싶다는 소망의 표현이다. 마지막에 이르러 자유를 만끽하고 싶다면 살아 있을 때 미리미리 준비해야 한다. 쓸모없는 물건을 버려서 깨끗한 생활환경을 만들듯이, 쌓인 감정도 해소해서 정서적으로 단순한 상태에 이르러야 한다. 그 방법이 바로 자기감정을 있는 그대로 바라보기와 표현하기다. 감정을 잘 읽고 잘 표현하면 앞으로도 크게 맺힐 일이 없다. 앞으로 더 단순하게 살고 싶다면 꼭 명심하고 지켜 나가야 할 일이다.

떠올리면 웃음이 나는
따뜻한 추억을 최대한 많이 만들 것

나에겐 기억력이 좋은 친구가 하나 있다. 그와 이야기를 나누다 보면 어느새 기억 저편으로 사라져 버렸던 추억들이 새록새록 피어난다. 술을 진탕 마시고 저지른 웃긴 실수들, 친구의 잘못을 내가 억울하게 뒤집어쓴 사연, 문인들이 많이 모이는 카페에서 우연히 좋아하는 시인을 만나 강론 아닌 강론을 들었던 기억 등등. 한참 옛이야기를 나누다 보면 거대한 추억의 보물 창고를 가진 그 친구가 저절로 부러워진다. 떠올리기만 해도 가슴이 따뜻해지는 추억이 많을수록 힘들고 외로운 날들을 조금은 즐겁게 버틸 수 있을 테니까 말이다.

연구실에 출근해 책상에 앉아 한가롭게 차를 마실 때면 저

설로 옛일들이 떠오른다. 어디 좋은 데로 여행을 떠났거나 훌륭한 업적을 이뤄서 상을 받은 것처럼 특별한 추억들은 아니다. 누구나 살면서 경험했을 법한 일상적이고도 사소한 순간들, 예컨대 아이들과의 즐거운 한때나 환자들과의 우스운 대화, 홀로 산을 오르며 느꼈던 평온 같은 것들이 자주 떠오른다. 그러면 내 마음은 훈훈해지고, 미소가 머금어지며, 오늘 하루를 즐겁게 살아갈 힘이 솟는다.

나를 가장 행복하게 하는 추억을 꼽으라면, 아내가 1년간 미국에 교환 교수로 가 있는 동안 아이들과 알콩달콩하게 보낸 시간이다. 다행히 집안일을 담당해 준 도우미가 있었고, 아내의 친구가 아이들의 학교 일을 도맡아 주었기에, 나는 병원 일을 하면서 아이들을 돌볼 수 있었다. 다만 주말마다 초등학생인 네 아이와 무엇을 하면서 보내야 할지가 가장 걱정됐다. 마침 한국일보사에서 주관하는 '주말 거북이 마라톤 대회'를 발견하고는, 작정하고 1년간 일요일마다 아이들을 데리고 이 대회에 참가했다.

장충동 국립극장 앞에 모여 남산 팔각정을 찍고 다시 출발점으로 돌아오는 코스로, 거북이 마라톤이라는 이름답게 1등을 겨룰 필요 없이 그저 어슬렁어슬렁 뛰며 걸으며 결승점에 다다르면 되었다. 우리 가족은 노닥거리기도 하고 장난도 치면서 앞서거니 뒤서거니 걸어갔다. 따뜻한 햇볕 아래 땀

범벅이 되어 시끌벅적 팔각정으로 올라가는 아이들의 뒷모습은 내 인생에서 가장 아름다운 한 장면으로 남았다.

팔각정에 올라 잠시 휴식을 취하고 국립극장으로 내려오면 상품을 추첨하는 행사가 열렸다. 우리는 계단에 옹기종기모여 앉아서 마지막 발표가 끝날 때까지 자리를 지켰다. 혹시나 하는 마음으로 우리 번호가 불리기를 학수고대했지만, 우리 가족 중 당첨된 사람은 1년 동안 아무도 없었다. 그래도 그런 사소한 즐거움을 놓치기가 싫었다. 상품 추첨에 낙방하고 나면 아쉬운 마음을 달래러 오장동 함흥냉면 가게로가서 냉면을 먹고 집으로 돌아왔다.

별것 아닌 가족 나들이가 나에겐 가장 행복한 추억으로남았다. 가끔 팔각정을 지날 때, 아이의 손을 잡고 지나가는 젊은 부모를 볼 때, 아이들과 공을 차는 아버지를 볼 때, 이제는 장성한 내 아이들이 손주들과 어울려 노는 모습을 볼때, 나는 거북이 마라톤의 추억이 떠오른다. 그리고 그들의소중한 한때가 잊히지 않기를, 가능한 한 그런 기억을 많이만들며 살 수 있기를 마음속으로 빌게 된다. 작지만 아름다운 추억들이야말로 우리의 인생을 진정으로 빛나게 해 주기때문이다.

이제는 나이가 들어, 친구들과 이야기를 나누면 8할이 옛날이야기다. 그런데 친구들도 나와 마찬가지로 사소했던 일상의 추억을 가장 소중하게 간직하고 있다. 희한한 일이다. 젊을 때는 멀리 있을 것 같은 안정과 행복을 쫓느라 매일매일 분주하게 살았는데, 정작 인생의 마지막에 이르러서 떠올리는 행복은 마음만 먹으면 매일 누릴 수 있을 만큼 지척에 있었다는 사실이 말이다. 하지만 어쩌겠는가. 행복이란 원래 반복되는 일상에서 잠시 잠깐 누리는 호사일 뿐이다. 사막 위 여행자가 오아시스를 발견해 목을 축일 때 느끼는 감각이 행복이라면 행복이다. 그러므로 지척의 행복을 목표로 살아선 안 된다. 주어진 인생을 열심히 살아 낼 때 행복도 중간중간 찾아오므로.

다만 나는 일상에 숨어 있는 행복을 최대치로 찾아 누리라는 말을 하고 싶은 것이다. 어차피 내일도 출근길 교통지옥에 시달릴 것이고, 과중한 업무량에 상사와 갈등할 것이며, 아이를 돌보느라 진을 빼고, 스마트폰을 손에 쥐고 잠들 것이다. 삶의 방향을 획기적으로 바꾸지 않을 거라면 결국은 피할 수 없는 하루다. 그렇다면 기왕이면 즐겁게 보내려고 노력해 보는 건 어떨까. 출근길에 마주치는 사람들을 관찰하며 새로움을 발견할 수도 있고, 상사에게 커피 한 잔을 권하며 부드러운 아침을 맞이할 수도 있다. 아이와 함께 요리와 설거지를 할 수도 있다. 어차피 할 일이라면 최대한 즐겁게 해 버리는 것. 그것이야말로 반복되는 일상을 즐겁게 버티는 비결이자 추억거리를 많이 만드는 방법이다.

어떤 사람들은 긍정적인 성격을 가졌다며 나를 부러워한다. 하지만 긍정적인 성격과 부정적인 성격이 따로 있겠는가. 모든 성격엔 긍정적인 면과 부정적인 면이 공존하게 마련이다. 다만 사람들은 어떤 상황이라도 크게 노여워하지 않고 부드럽게 받아들이는 태도를 긍정적인 성격이라고 평가하는 것일 테다. 그렇다면 내가 긍정적으로 사는 이유는 하나다. 어차피 다가올 일이라면 가능한 한 내가 즐거운 쪽으로 만들어 가려는 노력과 의지다.

나는 오늘도 훗날 거동이 불편해지면 하나씩 꺼내 볼 수 있는 즐거운 추억을 저장해 보자는 마음으로 하루를 시작한다. 그러면 좀 더 찾아 누릴 만한 행복이 잘 보인다. 일단 깨어나서 아침을 맞이할 수 있어서 기쁘다. 오늘 손님을 맞을 예정이라 설레고, 언제라도 출근할 연구실이 있으니 행복하다. 오늘은 딸의 부축을 받으며 북악 스카이웨이를 돌아볼 것이다.

사소하고도 소중한 추억들이 모여 인생을 빛나게 한다. 추억은 무엇과도 바꿀 수 없는 재산이다. 당신이 포착한 오늘치 재미가 먼 훗날 하루를 버티는 힘이 되어 줄 것이다. 그러니 지금부터 좋은 추억을 가능한 한 많이 만들며 살기를 바란다. 우리는 일상의 곳곳에서 즐거울 수 있다. 결국 남는 것은 행복했던 추억들뿐이므로.

그에게 더 멋지게 어울리는 모습

이강백 (극작가·전 서울예술대학교 교수)

이근후 선생을 처음 만난 때는 1974년 가을이었다. 첫인
상은 정신과(현 정신건강의학과) 의사 같지 않았다. 나의 선입
견에 의하면 정신과 의사란 좀 이상한 사람이어야 했다. 내
과, 외과, 산부인과, 피부과, 이비인후과 등등 다른 길도 많
은데, 뭔가 자기 자신에 의혹을 가진 사람이 정신과를 택한
다고 여겼기 때문이다. 그러니까 정신과 의사는 얼굴 표정
이 언제나 심각해야 하고, 말과 행동에서 깊은 고뇌가 나타
나야 하며, 생긴 모습도 약간은 열등감 있게 키도 작고 못생
겨야 했다. 그런데 이근후 선생은 우선 키가 컸다. 비록 미남
은 아니지만 분명히 호남이었다. 표정은 결코 심각하지 않
으며, 투박한 경상도 말씨 탓인지 고뇌 따위는 훌훌 털어 버
린 통 큰 사나이로 보였다. 만약 이근후 선생을 정신과 병동
에서 만나지 않았다면, 정신과 의사인 줄 몰랐을 것이다.

이화여자대학교 동대문 부속병원 정신과 병동은 휴양지
펜션 같았다. 지금 동대문 부속병원은 철거되고 없다. 정신

과 병동 건물은 동대문 옆 비탈길을 오르면 나타났다. 나를 그곳으로 부른 분은 극작가 오영진 선생님이었다. 나는 데뷔한 지 몇 해 안 되는 신진 극작가였는데, 대원로이신 오영진 선생의 부름을 받고, 영문도 알지 못한 채 가파른 비탈길을 올라갔다. 언덕 위에 오르자 서울 도심지가 한눈에 들어왔다. 정신과 병동은 4층 건물의 1층에 있었다. 나의 선입견에 의하면 정신과 병동은 높다란 벽과 철조망에 둘러싸여 있어야 하는데 전혀 그런 것이 없었다. 병동 내부도 폐쇄적 공간이 아니었다. 자유롭게 대화하고, 차를 마시고, 음악 감상을 하고, 탁구를 칠 수 있었다. 나중에 알게 된 사실은 이렇게 공개적인 정신과 병동은 이근후 선생이 처음 만들었다고 한다.

오영진 선생은 나에게 사이코드라마를 부탁했다. 나는 그것이 무엇인지 몰랐다. 내가 어리둥절한 표정을 짓자 오영진 선생은 낮은 목소리로, 이젠 살날이 얼마 남지 않았기에 간절히 부탁한다고 했다. 그 당시 오영진 선생은 심장병 때문에 이근후 선생의 도움을 받고 있었다. 사이코드라마는 그 고마움의 표시로 시작했는데, 아쉽게도 몇 편 쓰지 못한 채 죽음이 임박했다는 것이다. 그 작업을 계속 내가 이어받기를 바라는 엄숙한 유언 같아서 도저히 거역할 수 없었다. 오영진 선생은 이근후 선생에게 나를 후계자라고 소개했다.

그날 이근후 선생과 나는 휴양지 펜션 같은 정신과 병동에서 커피를 마셨고, 오영진 선생은 물을 마셨다. 진한 커피를 즐기던 선생이 심장병 때문에 그냥 물을 마시던 모습이 내 기억 속에 아릿하게 남아 있다.

나중에 알게 된 사실이지만, 우리나라에서 사이코드라마를 처음 시작한 정신과 의사는 이근후 선생이다. 원래 사이코드라마는 루마니아 태생 정신과 의사 모레노가 창안한 심리 치료극인데, 대본 없이 역할을 주고 진행한다. 그러나 우리의 문화적 습관은 '방석 깔면 하던 짓도 안 한다'고, 역할을 맡긴 순간 말문을 굳게 닫고 손가락 하나 까딱 않는다. 그래서 이근후 선생이 생각한 방법이 어떤 상황을 담은 기본적인 대본을 제공해서 말문을 트고 행동하게 하는 것이다.

나는 낮에는 환자복을 입고 정신과 병동에 있다가 밤에는 수련 의사의 숙소에서 잠을 잤다. 나의 선입견에 의하면 사람이란 무슨 옷을 입느냐에 따라 달라진다. 곤룡포를 입은 사람이 임금이듯이, 환자복을 입은 사람은 환자이다. 환자복을 입은 사람이 자기는 환자가 아니라고 주장하면 정신이 이상한 환자인 것이다. 나는 휴양지 펜션 같은 정신과 병동에서 환자복을 입고, 환자복을 입은 사람들과 함께 6개월을 살았다. 사이코드라마를 쓴다는 목적은 나 자신부터 정신 치료를 받자는 목적으로 바뀌었다. 솔직히 말해서 나는 극심한 불안과 초조에 시달리고 있었다. 극작가로서 천재적인 재능이 있다는 확신(천당)과 전혀 재능 없는 둔재라는 불신(지옥) 사이를 하루에도 수십 번 오고 갔다. 나는 이근후 선생에게 어떻게 해야 좋은지를 물었다. 그랬더니 대답은 간단했다. "나를 너무 높이지도 말고 너무 낮추지도 말라"는 것이었다. 부처님의 말씀을 연상시키는 이 대답이 천당과 지옥의 반복을 멈추게 했다. 나는 감사하는 마음으로 몇 편의 사이코드라마를 썼다. 인간이란 인간으로서 살기가 어렵다. 그래서 천사처럼 높여 살기도 하고, 짐승처럼 낮춰 살기도 한다. 하지만 그것은 정상이 아니다. 나는 휴양지 펜션 같은 정신과 병동에서 환자복을 입은 천사와 짐승을 보았다. 그들은 인간이 될 때 환자복을 벗고 나갔다.

내가 환자복을 벗고 나가서 취직한 곳이 크리스찬아카데미였다. 강원용 목사님이 원장으로 있는 크리스찬아카데미는 70년대 유신체제에 맞서 싸웠다. 크리스찬아카데미가 발간하던 〈월간 대화〉는 긴급조치 9호 위반으로 폐간당했다. 편집장과 직원들이 모두 떠난 텅 빈 출판부를 문화 행사 담당자인 내가 혼자 맡게 되었다. 월간지는 폐간당했지만 단행본을 출판하는 '대화 출판사'는 살아 있었다. 강원용 원장은 기가 꺾이지 않았다는 것을 알리기 위해 여러 종류의 단행본을 조속하게 내기를 바랐다. 나는 급히 원고를 구하러

다녔다. 심우성 선생의《민중의식과 민속극》, 김광원 선생이 번역한 칼릴 지브란의 명상록《눈물 그리고 미소》, 이근후 선생의 에세이《까치야 까치야》는 그렇게 해서 나온 책이다. 그런데 나 혼자 세 권의 책을 동시에 만드는 것은 역부족이었다. 한 대학생을 아르바이트로 썼다. 한문이 많은《민중의식과 민속극》은 내가 교정을 맡고,《눈물 그리고 미소》와《까치야 까치야》는 아르바이트 학생이 맡았다.

부동산 투기 혐의를 받은 청와대 대변인이 아내가 한 일이어서 자기는 몰랐다고 했다. 과도한 주식 투자로 비난의 대상이 된 헌법 재판관 후보자는 남편이 한 일이어서 자기는 모른다고 했다. 나도 마찬가지다.《눈물 그리고 미소》와《까치야 까치야》에 그토록 많은 탈자와 오자, 심지어 잘못 수정한 글자까지 있는 줄은 아르바이트 학생이 한 일이어서 나는 모른다. 오직 내가 아는 것은 그 엉망진창 만든 책을 독자들이 읽기 전에 빨리 없애야 한다는 것이었다. 창고에 있는 책은 물론 서점에 나간 책까지 회수해서 증거 인멸하듯 소각했다. 그 책을 쓴 저자의 심정은 얼마나 허망하고 애통했겠는가. 더구나《까치야 까치야》는 이근후 선생의 첫 에세이 책이다. 정신으로 낳은 첫 자식을 내가 그 지경으로 만들었으니 원수 같을 것이다.

나중에 알게 된 사실인데, 그런 일이 있은 후 김광원 선생은 다시는 책을 내지 않았다. 그러나 이근후 선생은 계속 에세이를 써서 베스트셀러 책을 여러 권 냈다. 인생을 살다 보면 원수가 은인이 되고 슬픔은 기쁨이 된다. 나도 그런 기적의 패러독스를 경험했다. 나의 어린 시절, 아버지는 사기꾼에게 속아 재산을 모두 잃었다. 우리 가족은 고향 전주를 떠나 서울로 올라왔다. 낯선 서울에서 온갖 고생을 겪었고 설움도 많았지만, 전주에서는 접할 수 없던 연극을 만난 나는 극작가가 되었다. 그러니까 나에게는 그 사기꾼이 원수가 아닌 은인이다. 내 말이 믿어지지 않거든 이근후 선생의 에세이를 읽기 바란다. 인생의 패러독스를 일깨워 줄 것이다. 원수를 여전히 원수로 알고 사는 사람은 불행하다. 원수가 은인임을 아는 순간 불행한 삶은 행복한 삶이 된다. 만약 내가 《까치야 까치야》를 엉망진창 만들어 없애지 않았다면, 이근후 선생이 절치부심해서 최고의 에세이스트가 될 리 있겠는가.

　몇 해 전에 이근후 선생과 평창동 두부 집에서 점심 식사를 했다. 이런저런 이야기를 하다가 《까치야 까치야》에 대한 이야기가 나왔다. 이근후 선생은 그 책을 보완해서 다시 낼 계획이었다. 각 에세이마다 과거 생각한 내용은 그대로 두고 지금 생각한 내용을 나란히 덧붙여서, 같은 주제에 대한 과거의 생각과 현재의 생각이 얼마나 바뀌었는지 비교할 수 있는 책, 매우 흥미로운 패러독스의 그 책은 반드시 또 한 권의 베스트셀러가 될 것 같았다. 나는 식사를 잠시 멈추고 이근후 선생을 바라보았다. 역시 미남은 아니지만 호남이었다. 얼굴 표정은 결코 어둡거나 심각하지 않았다. 죽을 때까지 재미있게 살고 싶은 에세이스트가 내 눈앞에 앉아 있었다. 난 그 모습이 좋았다. 정신과 의사보다 에세이스트가 이근후 선생에게 더 멋지게 어울렸기 때문이다.

어차피 살 거라면,
백 살까지 유쾌하게 나이 드는 법

초판 1쇄 2019년 5월 10일
개정증보판 1쇄 2024년 8월 9일

지은이 | 이근후
발행인 | 강수진
편집장 | 유소연
편집 | 이여경
마케팅 | 이진희
표지 일러스트 | 박혜
디자인 | design co*kkiri

주소 | (04075) 서울시 마포구 독막로 92 공감빌딩 6층
전화 | 마케팅 02-332-4804 편집 02-332-4809
팩스 | 02-332-4807
이메일 | mavenbook@naver.com
홈페이지 | www.mavenbook.co.kr
발행처 | 메이븐
출판등록 | 2017년 2월 1일 제2017-000064

ⓒ 이근후, 2024(저작권자와 맺은 특약에 따라 검인을 생략합니다)
ISBN 979-11-90538-69-5 (03180)

• 이 책은 저작권법에 따라 보호받는 저작물이므로 무단 전재와 무단 복제를 금지하며, 이 책 내
  용의 전부 또는 일부를 이용하려면 반드시 저작권자와 메이븐의 서면 동의를 받아야만 합니다.
• 잘못된 책은 구입하신 곳에서 바꾸어 드립니다.
• 책값은 뒤표지에 있습니다.